婚姻是设计出来的

·做对了，和谁结婚都幸福·

HOW TO DESIGN YOUR MARRIAGE

[美]沃尔特斯◎著
李昊轩◎译

婚姻是一本书，第一章写的是诗篇，而其余则是平淡的散文。
——巴法利·尼克斯

中国商业出版社

图书在版编目（CIP）数据

婚姻是设计出来的／（美）沃尔特斯著；李昊轩译．
—北京：中国商业出版社，2012.8
ISBN 978－7－5044－7834－4

Ⅰ.①婚…　Ⅱ.①沃…②李…　Ⅲ.①婚姻－女性读物
Ⅳ.①C913.13－49

中国版本图书馆CIP数据核字（2012）第181292号

责任编辑：张振学

中国商业出版社出版发行
010－63180647　www.c－cbook.com
（100053　北京广安门内报国寺1号）
新华书店总店北京发行所经销
香河县宏润印刷有限公司
*
710×1000毫米　16开　16印张　150千字
2012年10月第1版　2012年10月第1次印刷
定价：32.00元
＊＊＊＊
（如有印装质量问题可更换）

前言 Preface

对于婚姻，我当年一无所知，那时也找寻不到任何一本关于婚姻的书。可想而知，当我拥有自己婚姻的时候，我脑子里最初美好的憧憬与婚姻的现实会出现多么大的差异。开始，我只知道女友是那么强烈地吸引着我，她成为我心中的女神。当我们接吻时，那感觉真是美妙极了，以至于一段时间见不到她，我都会感觉手足无措。所以，我坚信：我是多么地爱她！而我也坚信她也一样把我看做是她的唯一。

这种触电的让人兴奋的感觉让我们彼此完全相信在未来的岁月可以给对方带来幸福，彼此之间的善意和默契会伴随我们到老。然而，婚后不久，平淡的日子大大超出了我们所能想象的程度，相亲相爱的日子如小鸟一去不复返了，我们坠入了可怕而又尴尬的境地之中……幸好上帝的恩赐，让我及时醒悟，也让我得以在过去的一个星期里愉快地度过了我们的金婚庆典！无疑，所有这一切都是幸运的！

回想在过去的30多年里，有接近千对恋人曾接受我为他们做婚前辅导。我发现他们当中的大多数人对彼此相爱的认识都很狭隘。在他们童真的思维里，热闹的婚礼结束后，王子和公主就过上了幸福快乐的生活——但真实生活中会是这样吗？

实际上，婚姻做起来比听起来困难、现实得多。繁杂的生活琐事在不知不觉中消磨了爱情，消化了激情。新鲜感的缺失、生活的乏味以及来自方方面面的压力会让婚姻的色彩逐渐暗淡下来。如何设计自己的婚姻并为其保鲜，自然也成了亟须解决的问题。

而且，现实不断攀高的离婚率，早已打破了婚姻的神话，甚至出现了恐婚族。因此，婚姻若想稳定长久，实现白头偕老这个平凡的理想，需要夫妻二人像经营事业一样去经营和设计自己的婚姻。毕竟婚姻不是一桩买卖，应该有长远的规则和设计方案。

婚姻中如何避免危机是每个人的必修课。聪明的人会把对方的感受放在第一位，即便是对方做错事了，也会选择适当的时机轻言细语来说服对方，给配偶一个适当的空间和尺度，不是说距离产生美吗？

一个家庭就是一个爱情银行，这个银行既可以男人做董事长，也可以女人做董事长，是蒸蒸日上还是濒临破产，要看两个人如何经营。这里，既然两个人组成了一个家庭银行，就要好好经营，何况这个家庭里还有孩子和老人。经营情感的秘诀在于不断储蓄，两人吵了一架，你就支出了一小笔，如果你能及时给对方一点温柔和体贴，就能把这一笔补上，如果谁也不在乎这样的支出，支出起来没完没了，这一小支出最终也会成为大窟窿。

当然，经营婚姻虽然并不容易，但婚姻也并不可怕。情感的积累储蓄源于日常生活中的点滴之间，或许一句温柔的情话，一杯淡淡的热茶，一个会心的微笑，一次争执的让步，一个冷战后的拥抱……都会大大提升婚姻的弹性和质量，使爱情之花常开不败。

翻阅本书，你将会知道：彼此恋慕并不足以成为幸福婚姻的基础，婚姻的赌注是昂贵的，婚前预备的报偿却是丰厚的。如果你目前是单身或在恋爱，本书可作为你的关系蓝图，帮助你决定是否或何时预备好进入婚姻；如果你已经订婚或新婚不久，本书将帮助你查验自己的感情基础，学到创建成功婚姻所必需的技巧。

心理学家乔伊斯·布拉泽博士曾说过：“女人对她们生活中的男人知之甚少，她们与男人一起生活，照料他们的起居饮食，为他们生儿育女，但她们并没有真正了解男人。”可见，身为人妻的女性也应该多了解你身边的那个男人，多了解常沟通是维系和谐美满婚姻的前提。其实，在男人的眼里，美丽的女人不是自己身上的衣服，可穿可不穿，而是帮助灵魂跋涉的手杖，是强有力的支撑；在男人眼里，美丽的女人就像一个谜，在她的内心深处埋藏着无尽的宝藏，需要自己用一生的时间去挖掘，以便随时发现意外和惊喜。

确实如此，婚姻需要我们用智慧去经营和规划，女性朋友们，不要把结婚当成爱情的终点站，而应把它看做是人生的一个里程碑，婚后也要不断地去注入自己的爱和能量。只要你在婚前就知道了这些婚姻的秘诀，自然能够让你的婚姻赢在起点，决胜终点！

女士们！最后请坚信：幸福美满的婚姻是可以通过自己努力设计出来的！

沃尔特斯

目录 Contents

第一章 选择什么样的男人，就会有什么样的人生

如果说大多数男人把事业当成了生命中最重要的组成部分，那么几乎所有的女人都会把爱情当作自己的全部。女人可以没有风光的事业，但女人不能缺少幸福的爱情。毫不夸张地说，选择什么样的男人，就等于选择了什么样的人生。因此，作为女人，一定要擦亮自己的双眼，学会用慧眼去发现和寻找人生中的另一半，这关乎着女人一生的幸福与命运。

第二章 好老公需要妻子来打造

贤惠的妻子都会积极地看待老公的不足，赞赏老公优秀的一面，给老公足够的自尊心和自信心，这是对男人最大的支持，也是呵护幸福婚姻的有效法则。所以，女同胞们，与其羡慕别人有一个好老公，不如把精力放在自己的老公身上，多多给予他支持和信任，或许有一天你会发现，其实自己的老公是很棒的！

第三章 会持家的女人最得男人欢心

有些女人觉得只要嫁个好老公，从此就不愁没钱花，就可以活得舒心自在了。殊不知，如果你没有未雨绸缪的持家观念，就算拥有金山银山，都有坐吃山空的一天，只有学会持家才是保持家庭长久幸福的秘诀。

第四章 家庭是情场，不是战场

两个恋人随着“婚礼进行曲”的优美旋律踏进婚姻的幸福大门，组建成一个新的家庭，然而不是每一对夫妻都能整日甜甜蜜蜜的，有时也难免会发生争吵和冲突。如果想要保持婚姻的稳定和幸福，就要明白，爱就是包容，爱就是忍耐，爱就是从淡而无味的平淡生活中，提炼幸福！切记不要把家庭变成战场！

第五章 伤什么也不能伤男人的面子，善待他的亲人和朋友

对于女人来说，如果学会了给男人留足面子，那无异于给自己的婚姻生活锦上添花。事实上，给不给老公留面子，是一个女人成熟不成熟的标志，也是成为好妻子的一门必修课。

第六章 好心态成就好女人，永葆青春的秘诀

相信一千个女人对幸福会有一千种理解。幸福可以是来自爱人的一个微笑、一丝温柔、一句贴心的呵护，甚至是一种良好的心态。正如罗兰所说：“一个女人如能让自己经常维持像孩子一般纯洁的心灵，用乐观的心情做事，用善良的心肠待人，光明坦白，她的人生一定比别人快乐得多。”在婚姻生活中何尝不是如此。

第七章 做一个魅力女人，学会包装自己

三分美丽，七分装扮。如果说女人的美丽是由内而外散发出来的，那迷人的气质，学识、阅历、修养就是美丽之本；而容貌、服饰、装扮则是美丽之形。女人不一定要天生丽质，但一定要懂得如何打扮、装饰自己。让每一天的心情都随着可人的外表飞扬起来，让自己魅力四射，成为别人关注的焦点。

第八章 生活离不开激情，但亲密绝不只是肌肤之亲

爱与性是男女之间一种情感的催化剂。性是婚姻生活中，夫妻双方最重要的精神沟通方式。如果说，爱情是婚姻的支柱，那么性爱就应该是爱情的根基。性与爱是分不开的。夫妻之间的拥抱、亲吻、抚摸，发生性关系，都是一种爱的语言。它能使你更清楚地明白男人的爱意，也让你更加清楚地体会到爱的愉悦和幸福感。

第九章 爱情可以经营，婚姻可以设计

人的一生中最难经营的就是婚姻和爱情。要想经营好婚姻和爱情，要想把握住幸福，那么时刻都要记得演好自己在婚姻生活中的角色。只要用心去经营，即使结婚几十年的夫妻，也不会感到婚姻的陈腐。在这种状态下，爱情就会如一首甜蜜的歌，永远在耳边萦绕；婚姻就会像一杯醇香的酒，永远透彻心田。

第一章 选择什么样的男人，就会有什么样的人生

如果说大多数男人把事业当成了生命中最重要的组成部分，那么几乎所有的女人都会把爱情当作自己的全部。女人可以没有风光的事业，但女人不能缺少幸福的爱情。毫不夸张地说，选择什么样的男人，就等于选择了什么样的人生。因此，作为女人，一定要擦亮自己的双眼，学会用慧眼去发现和寻找人生中的另一半，这关乎着女人一生的幸福与命运。

一眼选中“生活优质男”

作为女人，只要想一想，你选择一个男人做丈夫，要和他在一起生活大半辈子的光阴，就不得不小心了。而为了获得几十年的幸福生活，用尽办法去选择一个好丈夫，也实不为过吧。那么究竟选择一个什么样的丈夫才能幸福呢？

一个女孩子满脸得意地说：“我男朋友长得帅，家境又好，结婚后，我不需要出去工作，老公也可以养活我。”

这时，另一个女孩子说：“那你可是投资了一个‘绩优股’呢！”

又一个女孩接着说：“找不到‘绩优股’，找个‘潜力股’也行啊，先跟他辛苦几年，以后可以长久享受，还落得‘患难夫妻’的美名。”

这一段简单的对话在一定程度上反映了现在很多女孩子的择偶心态——投资心态。是的，现在的女孩子在更加重视婚姻质量和生活品质的同时，婚姻观念也在发生着潜移默化的变化——婚姻在承载爱情的同时，人们更多地希望它是生活的保障。

对于很多年轻漂亮、有选择资本的女人来说，选择婚姻就是一种投资行为。“结婚是为了寻找有能力的另一半”——韩国著名广告公司“第一企划”的问卷调查结果显示，这种观点在韩国年轻人中占了上风。

是的，对于女孩子来说，对待婚姻一定要慎重。人生已经够辛苦的了，再找一个不足够优秀或者说不足够改变自己的命运的男人，何苦呢？

李·艾柯卡，(Lee Iacocca)，被称为美国汽车大王，曾担任过福特汽车公司的总裁。由于“功高盖主”，他被妒火中烧的大老板亨利·福特开除了。当了8年的总经理，在福特工作已32年，一帆风顺，从来没有在别的地方工作过，突然间失业了，艾柯卡几乎无法承受住这个打击。也就是在这段最艰难的时段，艾柯卡的夫人始终照顾他、关心他、陪伴他，甚至为他放弃了自己的工作，不惜一切支持着他。

艾柯卡夫人的努力没有白费。艾柯卡很快又振作起来，应聘担任克莱斯勒汽车公司的总裁，把这家濒临倒闭的公司从危境中拯救过来，奇迹般地东山再起，使之成为全美第三大汽车公司，他那锲而不舍、转败为胜的奋斗精神使人们为之倾倒。在20世纪80年代以及90年代初，艾柯卡成为美国商业偶像第一人。

选择男人，不一定要将目光紧紧盯在男人现在有几个钱上，而是要独具慧眼，发现他的发展潜力。不要担心自己看上的男人暂时没有房子、没有车，害怕跟了他往后日子不好过。只要他有目标，有能力，就相信他一定会有未来。一旦哪天他的才能得到充分发挥，事业就会蒸蒸日上，收入也会稳步增长。那时，两人的感情也会更具沉淀感。与这样的男人生活在一起，会让女人更有安全感和成就感。

美国现代著名女作家玛格丽特·米歇尔曾经说过："最难的选择是选择一个老公。"米歇尔的这种感慨，来源于自己的一次失败的婚姻。在同酒商厄普肖的婚姻破裂后，她嫁给了记者马什，这让守旧的亚特兰大社交界大吃一惊。更让人惊讶的是，她不从夫姓。马什极有理智，正是在马什的鼓励下，米切尔开始默默写作，十年后完成了《飘》。

人们常说女孩有两次"投胎"，第一次"投胎"是父母给的，无法选择；而第二次"投胎"就是婚姻，这次"投胎"务必慎重。并不是所有的人都可以像玛格丽特·米歇尔那样在经历过一次失败的婚姻之后重新邂逅自己真正的幸福。更多的时候，婚姻都是以女人一生的幸福来作赌注的，一旦失误，贬值的不仅仅是婚姻，而且还包括女人的心理、精神和生活等等。

所以，女人们一定要练就慧眼识珠的能力，在一开始就寻找到那只最有价值的"绩优股"。当然了，如果传说中最理想的"绩优股"迟迟没有出现，也不妨选择一只最有希望的“潜力股”，经过长时间的经营，同样可以获得良好的收益。

婚恋悟语

有人说，女人的一生，前半辈子属于自己，后半辈子属于丈夫和孩子，女人只有选对了男人，才有真正的幸福可言。

天生好男人就是这模样

婚姻是一般人的普通问题，合适做丈夫的男人，绝非前无古人后无来者的异数。我们不单单是一个人，更是一种类型，就像喜欢吃饺子的人，多半也热爱包子和馅饼。玫瑰花和百合种在一处，彼此都花朵繁茂，枝叶青翠。但甘蓝和芹菜相克，彼此势不两立；丁香和水仙花，更是水火不相容；郁金香干脆会致勿忘草于死地……如果你是玫瑰，只要清醒地、坚定地寻找到百合种属中的一朵，你就基本上获得了幸福。

当然了，某一类人的绝对数目虽然不少，但地球很大，人又都在走来走去，我们能否在特定的时辰，遭遇到特定的适宜伴侣，也并不是太乐观的事。女人要明白选择丈夫，不仅是给自己选择伴侣，也是给自己寻找一个适合自己居住和生活的家庭。

女人选择男人，应该是选择能跟自己生活一辈子的人，而不是选择金钱、地位、权势，更不能在这些面前迷失了自己。诸如有些男人看起来很潇洒、很帅、很有才，但他不一定就是个好丈夫。女人如果把自己放在附属的地位，而不是平等的地位，那就是自己跟自己过不去。

女人知道只有嫁给一个好男人才能有幸福，那么什么样的男人才算好男人？经过很多女人的切身体会，总结出以下四种男人值得女人去嫁：

1. 可靠

男人可靠，说明他待人处世可信度强。男人在事业上发展，缺乏令人信任的品质，就很难获得成功的机遇，没有一个上司愿意任用不可靠的下属，没有朋友愿意找不可信的人合作。在情场上常打败仗的，恰是那种不能赢得女人信任的男人。不被信赖，这是男人最不成功的人生。

男人为何不被信赖？是因为他让人觉得不可靠。这样的男人，事业上，上司不敢委以重任，怕他力不从心，难当大用；情场上，女人寻找不到力量，难以委托终生。因此，可靠是男人的第一美德，也是男人的最大魅力。

2. 刚强

刚强是一只铁炉，能够将男人炼成钢。百炼成钢的男子，站在女人面前是一个擎天柱，他百折不弯，任凭风吹雨打。人们常说，爱情是经不起一发炮弹的木帆船，哪个女人敢于登上这样脆弱的木船去经历几十年的婚姻风雨？刚强的男人能造大船，他能挺立船头为女人遮风挡雨。感情的波折，家庭的困难，一遇刚强，都化险为夷。这种安全感是只有从刚强的男人那里才能得到的，他永远不会做逃兵。

3. 深沉

深沉是内在的精神修养，是阅历丰富的男子经过磨练获得的独有魅力。为什么女性选择伴侣喜欢成熟的男人？正是被他深刻的内涵所吸引。

深沉并不是沉默寡言，有的女孩最初也被沉默不语的男性迷惑，但是经过接触她可能发现，他的沉默，或是无思想，或是拙于言辞，或是无主见。

真正的深沉是一种经验，是一种深思熟虑。男人切忌夸夸其谈，口无遮拦。作风轻浮，被斥为“嘴上无毛，办事不牢”。深沉还是一种稳健的风度，他不以年龄为标志，更不是老奸巨滑。这是一种少年老成的魅力，是担大任的素质。女人热爱深沉，看重的是这种男人的发展潜力，终身相许的，自然是能成大器的男人。

4. 事业和家庭兼顾

男人绝对不能没有事业心，但如果他的事业心太重，他用在家庭和你身上的心思就会很少，你要他陪你逛街，他说没意思；你要他陪你看电影，他说没时间。他事业取得了成功，你也跟着风光，但那是别人看到的，别人看不到的是漫漫时光里你的寂寞。只有那些事业心不是过重的男人，才懂得对你体贴入微，宠爱有加。

有这些魅力的男人才是女人要找的好丈夫。但是，这里有一个误区：任何一个男人都不可能十全十美，女人在选择自己的丈夫时，千万不可追求面面俱到，否则你就永远也找不到适合你的男人。所以，找不到最好的没有关系，找到最适合自己的便可以了。

当然，女人不应该完全把一生的幸福寄托在婚前对男性千锤百炼的挑拣中，以为选择就是一切。对了就万事大吉，错了就一败涂地。选择只是一次决定的机会，当然对了比错了好。但正确的选择只是良好的开端，即使航向对头，我们依然还会遭遇风暴。淡水没了，船橹漂走，风帆折了……种种危难如同暗礁，潜伏航道，随时可能颠覆小船。选择错了，不过是输了第一局。开局不利，当然令人懊恼，然而赛季还长，你可整装待发，蓄芳来年。只要赢得最终胜利，终是好棋手，这就需要你用更多的“心思”去经营爱情。

婚姻不是终生的平安保险单，爱情更是需要养护、需要滋润、需要施肥、需要精心呵护的鲜活生物。就像没有永远的敌人一样，也没有永远的爱人。爱人每一天都随新的太阳一同升起。越是情调丰富的爱情，越是易馊，好比鲜美的肉汤如果不天天烧开，便很快滋生杂菌以至腐败一样的道理。

婚恋悟语

女人懂得选择合适的男人，更要懂得“经营”自己的爱情，只有善于“经营”，爱情的鲜花才会长开不谢。

男人喜欢什么类型的女人

事实上，不同年龄层、不同经历的男人选择的女人类型也有所不同，男人对女人的偏爱是随着年龄的增长和心理需要而变化的。也就是说，男人迷恋女人是有年龄和类型选择的，而且这些选择之间还有着微妙的变化。总的来说，男人在人生的不同阶段，会倾心于不用类型的女人。

1. 美女

男人进入快速发育和成熟期后，对美女就有了难以割舍的最大偏爱。因为这个时候的男人都处在极其渴望性和性生活的阶段，尤其是对于那些对性生活还似懂非懂的男生来说，他们此时最注重的唯有女人的外表，就是女人如花似玉的相貌，所以，美女特别是风情万种的极品美女，只要看上或者被看上一眼，必定会让某个男人失魂落魄，如梦如醉。

进一步说，对于处在这个时间段的男人，唯有美女最能打动和获取男人的最大偏爱，因为美女的最大特点和最大能耐就是能让男人一见钟情，一见倾心，一见丢魂。

2. 淑女

当男人进入婚姻抉择或者婚后的某一个阶段，美女在其心目中的位置开始削弱，从而开始慢慢偏爱淑女。这个时候，家有美妻的男人往往在饱受“红颜祸水”的切肤之痛之后，开始痛定思痛，把眼光停留在淑女的身上。

男人选择淑女是因为淑女都有一定修养、教育和涵养，那股温柔、娴静、雅致的淑然之气，虽然不敌妖媚之气，但比毫无特征的书香气、书卷气，还是更具竞争力、亲和力和天然吸引力的。这个时候的男人深切地意识到，理想的爱人，还是越实在越好，相貌过得去即可，太漂亮，容易招惹是非，使家无宁日。

3. 才女

随着红颜已逝，美人迟暮，丑女和美女均成为皱纹满面的老女人，于是当相貌在上帝面前达到绝对平等时，才女便会成为一道最为赏心悦目的风景。因为才女有满腹的诗书为她保养，所以永远诗意飘香，永远不会老。

如果说美女是“祸水”，淑女是在“在水一方”的“秋水伊人”，才女则是一坛陈年佳酿，历久弥香。

但也有心理学家认为：很多男人在挑选恋人时，会首先看一个女人的表情，而不是长相。也就是说，决定别人对自己的喜恶不在于长相而是表情。

因为一个人的长相是天生的，大都是无法改变的，而一个人的表情是可以随时调整和改变的。有研究者得出结论，男人喜欢的女人表情具有以下特征：迷人的微笑、魅力四射的眼神。

男人都喜欢微笑的女人。真心的微笑会让一个女人魅力大增，这是因为女人的微笑代表了她的许多优良品质，通常是健康、自信、友好和接纳情绪的流露。

迷人的微笑是女人健康生活态度的展示，能给人一种美的人格力量。微笑是一种优良的气质，它有一种无法想象的力量。男人和这样的女人生活，能够时刻体验到生活的乐趣和爱情的力量，感受到女人独特的人格魅力，这也正是男人们所希望的。

同时，微笑也展示了女人自信的一面。自信对女人来说至关重要。那些时常保持微笑的女人，总是以一种乐观向上的态度来看待生活中遇到的各种问题，包括情感问题。

微笑的女人懂得宽容。男人最怕女人为了某些事情歇斯底里，陷入病态的偏执思维中。而那些懂得宽容的女人则不然，她们面对男人的过错，总是一笑置之，和这样的女人生活在一起，男人恐怕都要高呼

“理解万岁”了。

古往今来，无数男人为蒙娜丽莎高贵而神秘的微笑而倾倒。因此，无论是作为妻子还是恋人，尽量使自己保持微笑吧，请记得上扬嘴角，看上去脸上始终有一抹微笑，显得自信、美丽，令人愉悦。这样，你就会是男人最爱的那个女人。

当问及男性“对女性的什么部位感觉有魅力”时，“眼睛”和“美丽的眼眸”通常是多数人的答案。不管长相如何，眼睛可爱的女人总是受人待见。所谓可爱的眼睛即指伴有变化的表情。如“眼睛是心灵之窗”，它有着很多种表情。

一个女人最迷人的也许不是她的眼睛，而是那让人难以捕捉而又略带神秘的眼神，她用目光诉说了女人的娇媚与温婉。这种娇媚与温婉就是一种温柔的体现，任何时候都是男人的最爱。

婚恋悟语

长相靓丽、涵养不凡、善解人意、性感多姿的女人一定是男人争相追求的对象。同时，作为女人，要想得到男人一生的呵护，除了长相之外，淑女和才女的修炼应该作为爱的必修课！

婚姻就是让一个好男人爱上你

一般来说，在爱情和婚姻面前，女孩子通常都比较矜持和内敛，这主要有三个原因：第一是天性所致，女人的性格较之男人要矜持、保守和内敛许多；第二是观念所致，女孩子大多顾及自己的“面子”、“清誉”、“名声”，万一被拒绝可如何是好？所以要等男方主动开口，主动追求；第三是传统影响，自古以来“窈窕淑女，君子好逑”，都是“君子”主动开口，哪有“淑女”主动的？这不成“体统”。不管是哪一种原因，在我们今天看来都是不好的。也就是说，如果你遇见了你梦中的那个“白马王子”，就千万要“该出手时就出手”，不要让他溜走。如果顾及太多，恐怕等到失去，就要后悔莫及了。

Ava和Smith结婚五年来从未有过什么大的不愉快，偶尔的一点小矛盾两个人也能处理得恰到好处，从不会争吵，真的可谓是相濡以沫、相敬如宾。姐妹们都羡慕Ava运气好，找了个既英俊潇洒、事业有成，又知冷知暖、爱家爱老婆的好男人，可Ava总是保持着幸福的微笑，对她们说：“这不是我幸运，而是我争取来的，天上是不可能掉馅饼的。”

其实当初，Ava和Smith的恋爱一直都不被大家看好，甚至连她的父母都觉得两个人不合适。那时候，Smith是公司里的“大众情人”，年少有为，帅气俊朗，又没有脾气，是很多女同事心仪的“白马王子”。而Ava就是这些女孩子中的一个，不过她太过普通了，相貌平平，学历不高，似乎除了热情开朗以外就再没有什么长处和优势了。不过，好在她和Smith因为工作关系接触的机会比较多，自然的，两个人关系也就比较要好。都说“男追女隔层山，女追男隔层纱”，但这句话用在Ava身上却显然没有应验。Smith本人对她很有好感，但Smith的母亲却坚决反对两人恋爱，因为以她的标准来衡量，平凡的Ava显然配不上自己优秀的儿子。面对犹豫的Smith，Ava不但没有退却，反而一如既往地关心和体贴他，时刻都把自己的热情、开朗、乐观和快乐带给苦恼的Smith，这让Smith很是感动。

半年之后，或许是Smith说服了母亲，也或许是Ava的表现让Smith的母亲放下了成见，两人终于将恋情公开了。面对其他女孩子的嫉妒和羡慕，Ava快乐地说：“‘执着’这种精神，用在爱情上是最合适的！”

这个故事中的Ava确实是个执着的女孩子，如果换作是别人，首先可能就放不下自己的矜持，去主动追求自己心仪的“白马王子”；更可能会放不下“灰姑娘的自卑”，不敢表达自己的爱意；况且，“白马王子”

的妈妈这块“拦路石”也着实会让一般的女孩子“退避三舍”，不敢问津。但是，Ava凭着自己的一颗真心和聪明、执着，最后抱得“王子”归，取得了胜利。如果换作是你，你能把握住你的“白马王子”吗？

无论男人女人，在爱情面前，我们都是平等的。每个人都有追逐自己爱情的权利，这毋庸置疑。在现实中，一个人一生中会真正爱上的人是不多的，换一种说法就是“真爱难求”，所以，遇见自己真正喜欢的人是生命里不可多得的机会，而这种机会的出现不会很多，这就是我们所说的缘分。身为女人，你可能会用矜持和犹豫来掩饰你的情意，虽然你有一肚子的话想对他说，虽然你可能每晚梦见他，虽然你可能为此辗转难眠，但你可能还是会装作若无其事，甚至很冷漠，你在等着白马王子的主动到来，为你奉上鲜花和钻戒。可是，他知道你所想的这些吗？他会注意到你吗？他知道他自己会每天都出现在一个女孩子的梦里吗？可能不会吧？那么你就会为这个“可能”付出难以弥补的遗憾的代价：白马王子与你擦肩而过。

其实，在爱情面前，大可不必顾忌太多。“淑女”也有追求真爱的权利不是吗？每个人的甜蜜爱情都不是上天或缘分赐予的，而是要靠自己争取的。遇见了自己心仪的人，就要勇敢地站出来，把自己最好的一面和最真切的情意表现出来，执着地留下他，不要让他溜走。这份勇敢和执着会带给你梦寐以求的幸福。当然，失败了也没什么大不了，至少你爱过，努力过，没有留下任何遗憾，或许这还将成为你永远甜蜜的一段回忆。千万别想当然地以为生活是童话故事，白马王子会不远万里地来吻醒你。要知道，你的机会并不多，而且同一个机会往往只会出现一次，把握不住，可能就永不再来了。

婚恋悟语

这个世界上的男人不计其数，但是真正适合你的却并不是很多，茫茫人海中，挑对男人有时像中六合彩那样艰难，但一旦中的，你的一生幸福便有了最好的保障。

婚姻大事不能听天由命

对于女人来说，你的青春和爱情都是有限的，所以应该格外珍惜。千万别因为到了结婚年龄或是怕成为“剩女”，就“随便找一个”了事。要知道，生活是很公平的，你怎样去对待它，它就会怎样对待你；你付出了什么，它就会给你什么回报。也要知道，婚姻不是游戏，谁都“玩”不起。

Emma 终于结束了这一段维持了两年的婚姻，和 Johnson 办理了离婚手续。现在回头想想，Emma 除了后悔，很难再找到什么词语来表达自己的心情了。当初，Emma 和 Johnson 只交往了两个多月就结婚了，并且以前他们也不认识。那段时间是 Emma 有生以来最痛苦的一段日子，相处了多年的男朋友在两个人即将走进婚姻殿堂的时候却因为一个偶然的机会出国发展去了，临走的时候他只告诉 Emma 一句话，“Emma，我对不起你，忘记我吧！我不会回来了。”多年的感情就随着这句简单的话草草收场了，Emma 几乎崩溃了，Johnson 就是在这个时候走进她的世界的。Johnson 是在一个酒吧遇见烂醉如泥的 Emma 的，他很绅士地送她回家，然后留下了自己的名片。理所当然地，第二天 Emma 打电话道谢，于是两个人就认识了。

面对 Johnson 的追求，Emma 只考虑了一天就答应了，她还沉浸在那片阴霾中，也对爱情彻底地失望了。她觉得，感情的事就是这样，找到一个对自己好的，就这么过一辈子，这就行了。只有那些天真的不经世事的孩子们才会去追求什么童话般的爱情，而这也只能发生在童话故事里。于是两个多月后，她同 Johnson 简单地领取了结婚证。但是，可想而之，这样草率的婚姻是很难有幸福的。婚后 Emma 才感觉到两个人的性格、习惯完全合不来，甚至如同陌生人一样；而 Johnson 当然也受不了自己妻子那平静得近乎麻木的冷淡的神情。最后，两个人商量了很久，还是决定结束这一段没有感情可言的婚姻。

这样的故事比较沉重，但是在现实生活中却不见得少见。或者因为心灰意冷，或是因为不谙世事，或是父母做主，草草地走入婚姻，这样的婚姻能长久、幸福吗？

这个时代和社会可能已经令很多人在某些方面上麻木了，快节奏的生活、工作和巨大的压力使他们“只见树木，不见森林”，认为人要现实，生活要现实，婚姻要现实，感情自然也要现实。在这些人的印象里，风花雪月的浪漫爱情只是少年时代懵懂无知的追求，只适合发生在校园生活里，而一旦走进社会，走进生活，走进现实，这种“纯纯的感情”就会分崩离析，支离破碎。可毕竟，婚姻是生活不可或缺的一部分，最起码要想顶住来自方方面面的压力，也需要找一个人来共同分担，这是生活要求人们必须要完成的“任务”之一。于是，到了“男大当婚，女大当嫁”的年纪，他们就想随便找一个看起来“还过得去”的对象，结婚，生子，过日子。他们认为，这就是生活。

不可否认，婚姻确实是现实的，但是这个现实因素却不是全部因素，绝不能把它扩大化和绝对化。婚姻一定要建立在感情基础之上，没有真正感情基础的婚姻是绝少能够长久和幸福的。从这个层面上来说，婚姻是感情的一种延续和固定，感情才是婚姻最重要的前提和保障。不管是出自什么情况和原因，“随便找一个”的想法都是绝对错误的，最起码这是一种责任感的缺失：不认真对待婚姻，既是对自己的不负责任，又是对婚姻对方的不负责任。就像上面故事中的 Emma 一样，自己没有得到幸福，也使 Johnson 受到了伤害。

人是感情动物，有血有肉有感受。从人类产生到现在，爱情都是被颂扬和追求的珍宝，千百年来流传下来的或凄婉或美丽的爱情故事也绝不少见。走什么样的路，都是要靠自己去选择，自己的幸福要主动去追寻，婚姻大事更不能听天由命。

婚恋悟语

追逐真爱是人类的本能，是任何外物都无法改变或淹没的真性情。所以，要认真对待自己的感情，也要服从自己心灵最深处的感觉和意愿。

父母反对的婚姻，务必要三思

现如今，社会上似乎又流行起了一股“相亲风”。刚刚走出学校大门参加工作不久的年轻人，由于经济能力、社会阅历、交际能力和环境限制等关系的影响，很难也懒得去找自己的“另一半”，于是父母们乐意代劳，经常代替子女们跑“相亲会”。其实这样的做法对年轻人的长远幸福是很不利的。

26岁的Mary今在一家著名企业工作，要说自身条件也不错，但一直没有合适的对象，这可急坏了她的父母。自从上次的“相亲事件”发生以后，她也一直没有回家。虽然惹得爸爸妈妈很生气和愤怒，但是她在心里坚信自己当时的做法是对的。

事情的起因是这样的。Mary从大学毕业以后就来到了纽约工作，由于工作环境比较封闭加上她不想太早交男朋友，所以到现在还是单身一人。也难怪她的父母着急，在她看来自己26岁的年纪还很小，可是如果在乡下老家，恐怕这个年纪已经做妈妈了。父母一直对她的终身大事十分着急，于是几个月前打电话叫她回家相亲。男方是爸爸朋友的儿子，比Mary小两岁，长得还可以。但是Mary对他的第一印象就不好，一看就是纨绔子弟的样子，而且白白净净，没有一点男人味。回家以后Mary说了自己的想法，并且表示不想相处。妈妈好言相劝了半天，说男方的爸爸是议员，家境殷实；那个男孩也是大学毕业，现在是联邦公务人员，而且头脑聪明，据他们了解人品也不错。最终Mary坚持自己的意见，妈妈见劝不动就掉了眼泪，说你这么大了，还等什么啊！一直没有出声的爸爸这时火了，怒声说道："这事儿你得听我们的！你不答应没用，我们老人已经商量好了，小伙子也相中你了，这事就这么定了！"Mary站了起来严肃地说："爸爸，这是我自己的事，我能回来就已经是尊重你们了。我不同意，以后这事你们别管了。"说完，她提着包就出了家门，身后传来了爸爸摔碎茶杯的声音。

这个故事中的事件相信每天都会在生活中上演，爸爸妈妈关心女儿的婚姻大事，于是按照自己的眼光为女儿挑选对象。可是父母的眼光毕竟会与子女的想法存在很大差异，于是就会出现故事中这样的矛盾。那么Mary的做法到底对不对呢？可能在生活中有很多女孩子对自己的感情问题都拿不定主意，而对父母的看法又不敢全信，怕自己以后会后悔。其实，这个故事中Mary的做法是很正确的。

对于绝大多数的女孩子来讲，都会把自己在感情方面上的困惑和所遇到的问题说给爸爸妈妈，以寻求老人的帮助和经验。当然，这样的做法也不是不无道理，毕竟亲人会站在你的立场为你着想。但是要知道，你向父母所寻求的只能是意见，决不是"决定"，决定权必须要掌握在自己的手里。

关于婚姻与幸福，很有可能你要用一生时间去经营和体验它。而在这个选择问题上，任何人都无法也不能代替你的想法和感受，即使是你的父母也一样。可能你喜欢的人你的父母不喜欢，也可能你不喜欢的人你的父母却很满意，这个时候你就要清楚地作出自己的判断和选择。因为，没有人能够像你自己一样了解你自己的想法和需求。

毕竟，你的父母不是你，他们无法得知你内心深处最真实的需求和体验。一般来讲，父母们能为你考虑的主要是现实方面的问题，比如经济条件、脾气秉性与你能否相搭配，以保持婚姻长久、稳定。而在你看来，这些方面似乎不是最重要的，你需要的也许只是一个感觉。而事实上，感情和缘分就是这么一个奇妙的东西，往往一个感觉就足以相伴一生或永无交集。另一方面，父母与你不是同一代人，你们之间的价值观和婚姻观存在很大差异。父母可能认为美满的婚姻就是富足、稳定、和睦。而生长在这个全新时代的你是很难真正适应这样的婚姻的，在你看来，两情相悦比什么都来得重要。

女人，你要把自己的命运掌握在自己的手里，包括感情，包括婚姻。如果遇到了你心中的那个白马王子，那么就想清楚你是否真正需要他，别在乎别人（包括父母在内）的想法和意见，勇敢地去追寻自己的幸福。如果你真的得到了自己的幸福，那这就是你给自己和父母的最好的礼物。

所以说，感情和婚姻上的事只能依靠自己的感觉、判断和选择，如果你没有主见，拿不定主意，那就等等，直到你能清楚地想通为止。不要把别人的意见或者命令强加在自己的感情问题上，否则，后悔也解决不了问题。

婚恋悟语

对于一个女人来讲，感情和婚姻是生命中最为重要和珍贵的一部分，是和自己命运紧密相连的一部分。无论你的感情与婚姻能否顺利、幸福、完美，你都必须要自己去体会和承受。

男人其实想过得逍遥自在

每个女人都希望自己永远拥有幸福美满的爱情，那么不妨学着用一捧沙的情怀来对待爱情，好好珍惜，好好把握，爱情必定会圆圆满满。

一个即将出嫁的女孩，问母亲一个问题：“妈妈，婚后我该怎样把握爱情呢?”

母亲听了女儿的问话，温情地笑了笑，然后从地上捧起一捧沙。

女孩发现那捧沙在母亲的手里，圆圆满满，没有一点流失，没有一点撒落。

接着母亲用力将双手握紧，沙子立刻从母亲的指缝间泻落下来。待母亲再把手张开时，原来那捧沙子已所剩无几，其团团圆圆的形状也早已被压得扁扁的，毫无美感可言。

女孩望着母亲手中的沙子，领悟地点点头。那位母亲是要告诉她的女儿：爱情无需刻意去把握，越是想抓牢爱情，反而越容易失去自我，失去原则，失去彼此之间应该保持的宽容和谅解，爱情也会因此而变成毫无美感的形式。

然而，有些女人却不懂得这个道理，她们喜欢约束着身边的男人，觉得结婚了，就该是两个人的生活，要完全拥有占有对方，这是一个致命的想法。每个人都是一个独立的个体，他不属于任何人，哪怕是结婚了，也并不意味着就完全属于你，并不意味着你可以支配他的一切。

也许男人开始还可能会为有人能这么关心自己而高兴，但渐渐地，他们会感觉这是一种经常性的人格骚扰，最后，索性就把它看成一堵心墙，把他们闷得够呛。被女人“过度拥有”最明显的例子，就是整天接到她的电话，经常被她盘问行踪，每一个决定都要看她的意思，像家里的老妈一样。男人也会因为女人无限增加的“拥有之爱”，开始毫无理由的对任何小事感到内疚。比如，女友和他出游的时候突然说：“你怎么没穿那件衬衫?”看她那副沮丧的样子，他很不忍心，于是立刻道歉，甚至回去换一件。假如问她咖啡里要不要放糖，她马上又伤心起来，好像她那么了解他，而他对她却那么不经心，连咖啡里放不放糖，他都没注意到。一旦被“拥有”到了难以忍受的地步，男人也就只有不顾一切地逃离她了。

男人的天性是很独立的，不像女人喜欢依赖别人，男人毕竟有男人的世界。在当今社会中，尤其是有身份，有地位，有事业的男人，为了应酬，避免不了要出入各大酒场、歌厅、舞厅，做妻子的不要忧心忡忡，疑神疑鬼，对丈夫要有足够的信心。经常鼓励他，让他从容的参加各种社会活动，使他在外面得心应手的处理好纷繁复杂的事情，轻轻松松的做好本职工作。在事业上要做好丈夫的助手，经常提醒他，哪些事应该做，哪些事不应该做。俗话说“家有贤妻，丈夫少遭横祸”，也就是这个道理。

在这个年代，男人不再习惯固定在一个小小的居室之中，女人也不可能盘踞男人生活的全部。一个有责任心的男人，生活中心绝对不会是女人。爱情在结婚后的岁月里渐渐沉淀为一种亲情，一种握在手里不再会燃烧，而是被融化的东西。它留在心底里最温柔的地方，已经融入他的习惯，成为他身体的一部分。女人只需占据他心底这最温柔的一角，享受在他臂弯里酣睡的静谧就可以了。

新鲜的空气，自由的天空，人人向往并趋之若鹜。婚后生活依然应该有自己的交际圈。交朋友、参加各种应酬的权利，不应该因为婚姻关系的建立而终止。我们都应该拥有属于自己独立的私人小空间，夫妻俩人谁也不是谁的私有财产。聪明的女人懂得恰如其分、游刃有余地把男人紧紧抓住，收放自如。男人就像风筝一样，拉得太松他会飞走，拉得太紧又容易扯断。所以，女人要懂得忽紧忽松地抓住男人，和男人的距离也要永远保持若即若离，否则适得其反。

婚恋悟语

外面的世界再精彩，也只不过是一个个小小的驿站，身心疲惫的男人，他永远的归宿是在温暖的家园。所以，婚姻不应该是枷锁和牢笼。

爱他，就多给他些自由空间

男人从不想在恋爱关系中被人掌控，也不想受到任何一种形式的操纵。因此，聪明的女人，绝不会给自己的男人套上紧箍咒。其实男人的心思很单纯，只要摸透他的心思，其实男人是很好掌控的，要你的老公一辈子守在你身边，是再简单不过的事情了。就是有很多女人都不懂这个道理，反而要逼自己的老公离家出走，甚至投入到另一个女人的怀抱中，而留自己在家里独守空房。

美国心理学家曾对几千位离婚的男人作了调查，发现这些男人之所以离婚，很大的原因是受不了老婆的神经质。老婆太过敏感，甚至有时候无中生有、胡乱猜疑，未查明事情缘由就以自己的主观判断乱下决定，这是让男人最害怕的恶梦。在现实生活中，不仅仅只是离婚男人害怕神经质的老婆，所有的男人都最怕发神经的老婆。结果这样的事情就发生在了 Williams 的身上。

当 Williams 每次下班一进家门，老婆做的第一件事，就是走上前闻一下老公的身上，看是否有女人的味道。她还会很仔细地检查老公的外套，看有没有女人的头发。

刚开始，Williams 身上总能找到几根女人的长头发，他老婆因此判定他去偷吃，开始大吵大闹，也不听 Williams 的解释：这可能是挤公交车时留下的头发，我真的没有做任何对不起你的事。

就这样，Williams 在外面都会特别小心，不要让别的女人的头发沾到自己的身上，在进家门之前也会自己先彻底检查一遍，看是否有可疑之物。

结果，Williams 每次回家，他老婆总找不到可疑之物，便开始大哭起来，Williams 不解地问老婆为什么要哭？他老婆伤心地说：“我看这下你真的是无药可救了！竟然连光头的女人你也要？”

老婆太过神经质，真的是毁掉幸福家庭的毒药。

婚姻应该建立在相互信任的基础上的。爱发神经质的女人是对自己不自信的表现，害怕自己的老公离开自己。其实男人更需要女人的帮助，在男人前行的道路上更需要自己老婆的支持，男人冲锋陷阵的力量往往来自对自己老婆的爱。大可不必作神经质的女人，不妨尝试多给老公一些生活空间，用女人的温柔给老公搭个温馨的家。

没有哪一个男人会喜欢像藤蔓一样把自己缠绕得透不过气的女人，聪明的女人善用欲擒故纵的策略来抓住男人的心，从而获得爱情，获得幸福。当然，男人对待女人也是如此。

有一对家境很普通的夫妇，妻子有一位非常富裕的朋友。一天，那位朋友邀请她和她的丈夫参加一个晚宴，她很高兴地接受了邀请。

当她为赴宴做准备时，才发觉自己连一件体面的衣服也没有。她当然不想错过这个接近上流社会的机会，于是马上驾车到一家名牌服装专卖店，买了件非常漂亮的晚礼服。这件衣服，用了相当于丈夫几个月薪水的数目。

晚宴当夜，她与丈夫驾着一辆“老爷车”，来到她朋友的豪宅外面。这时，她觉得自己的小汽车很丢脸，于是叫丈夫把车子停放到很远的地方。然后再走路进去赴宴。

她丈夫没说什么，把车子开到了一个阴暗处，然后对她说：“亲爱的，我想还是你独自去吧，我在车里等你好了。你今晚穿得这么漂亮动人，而我只有这身旧西装，我怕会惹起别人的笑话。祝你玩得开心点！”

妻子看着丈夫，觉得他确实穿得很寒酸，只好下车，提起裙子往前走。可是，走了没几步，她忽然转过来，匆匆跑回车子，对丈夫说：“我也不想去了。”

丈夫很疑惑，没等他开口问，妻子就平静地说：“实在对不起！我一心想接近上流社会，却忘了自己拥有一位这样体贴自己的丈夫，忘了自己拥有一个幸福的家。你一直对这些很平淡，对我也很宽容，而你的平淡和宽容恰恰提醒了我。请你原谅我吧！我不参加这个宴会，我们一起到外面兜兜风，然后就回家。”

这位丈夫的眼里涌出了泪花，被妻子的话深深感动了。夫妻两人心中都充满了幸福感，从此以后，生活也更加甜蜜、温馨了。

有人说女人要像放风筝一样与男人相处，一方面给他足够的自由，一方面牵住手中的线，不能让他远走高飞，也不能让他时时守候在自己的身边，唯有如此，女人才能牢牢把握住自己幸福的爱情。

婚恋悟语

既然说男人是女人头上的天空，那你就给他一双翅膀，让他飞翔。风筝飞得再高再远，你也不必担心，因为，线紧紧地攥在了你的手中。记住，给婚姻留一点缝隙，以便让对方能够自由呼吸，反而会让男人更加贴近你。

爱情加面包，才是完美的生活

在爱情里，不能因为感情需求太过盲目，也不能因为物质需求而太过现实。幸福的生活来自于这两者的质与量的平衡。钱不能代替爱情，爱情也无法代替金钱，爱情加面包，才是完美的生活。

有这样两个女孩子，一个叫 Sophia，一个叫 Madison，她们是大学同学，是最要好的姐妹。上学的时候两个人就彼此交谈过自己梦中的白马王子。Sophia 说："我的白马王子要年少多金，可以给我一套可以看见海的大别墅，可以给我买名车，可以随时陪我去巴黎、去纽约购物。我不是一个财奴，但是在这样的时代这样的社会里，钱比爱情要实在、可靠得多。一个人能活多少年，不好好享受生活，不是白活了一次吗？我们是女人，我们有权利和资本用爱情和婚姻去改变自己的命运。"Madison 看着 Sophia 憧憬的眼神笑着摇了摇头，说："我梦中的白马王子要英俊帅气，浪漫温柔，要能与我心意相通，我一个眼神就能明白我的意思。不管遇到什么困难都能给我一个安全可靠的坚强的肩膀。不能花心，要对我不离不弃。至于金钱，我想真正的爱情是没有这个附加条件的，即使他一无所有，我与他在一起也会觉得幸福。"Sophia 大笑 Madison 的天真。

也许是巧合，也许是这两个女孩子真的一直在追逐着她们各自的爱情理想，几年以后，Sophia 真的嫁给了一个很有名气的富豪。可是，结了婚以后她才明白，金钱是无法代替爱情的，自己并不幸福；Madison 嫁给了一个搞摇滚乐的贫穷的艺术青年，两人爱得如胶似漆，却因为无法维持生活，在结婚后的第二年就离了婚。Madison 也明白了，爱情是要有物质基础的。

这个故事中的两个女孩子都实现了自己的梦想，但是却都没有获得真正幸福完美的爱情与婚姻，究其原因，就是不够成熟或者说不正确的金钱观和婚恋观所致。金钱与爱情的关系是一个由来已久的话题，但直至今天，很多人依然无法理智全面地认识。

金钱是无法代替爱情的。爱情是人们发自于内心的情感需求，是心灵的碰撞和契合，是人们在精神层面上不可缺少的食粮和寄托。真心相对的爱情是纯净透明的，没有任何杂质和附加条件。两个相爱的人会在心灵上有着相通的情感体验，这种体验就是要不顾一切、没有牵绊地融为一体，相亲相守，不离不弃，相濡以沫。任何物质条件都无法单纯替代这种相通的情感体验和情感需求。爱情高于物质层面而存在，如果有人以金钱为天平去衡量爱情的轻重，那么无外乎两种可能：一是，他不懂得爱；二是，他不是真爱。

爱情也无代替金钱。爱情与金钱完全独立于两个意识层面之上，但是不代表两者没有交集。当爱情趋向于成熟，就要走入婚姻阶段。而婚姻是一种现实生活，爱情与金钱在现实生活中会产生千丝万缕的联系。我们生活在一个现实的世界里，在现实世界中，我们最基本的需求是生存，而生存状态和生活质量在很大程度上则要以金钱衡量。婚姻是什么？婚姻除了爱情之外，它还是生存状态，是生活质量，是柴米油盐。显然，在这里，爱情不是全部，它无法满足人们全部的生活要求，也无法代替金钱在生活中所能起到的作用。如同俗语所说的那样：贫贱夫妻百事哀。

前面案例中的两个女孩显然不懂得如何正确衡量爱情与金钱在生活

中的关系。一般来说，女性对于爱情和婚姻的期望都比较理想化，而高期望值通常会带来两种截然不同的极端认识：一是爱情至上，要爱情不要面包，不切实际；二是金钱万能，有钱就会幸福，就能达到爱情带来的愉悦感。显然，这两种认识都不够全面和科学。女人，如果你爱他，那么就要平衡好你们的感情与现实生活的天平。而如果他真的爱你，相信他也会努力为你们的爱情与生活找到合适的切入点。

婚恋悟语

虽然说金钱买不来真正的爱情和幸福，但幸福的人生也时时刻刻离不开金钱。所以，爱情加面包，才是完美的生活。

或许，下一站才是你要的幸福

放弃是一种让步，让步不是退步。让一步，避其锋芒，然后养精蓄锐，以利更好地向前冲刺。放弃是量力而行，明知得不到的东西，何必苦苦相求，明知做不到的事，何必硬撑着去做？就像那个他，明明不属于自己为什么不放手？放手是一种智慧，只有懂得放弃不属于自己的，女人才能获得真正属于自己的幸福。

女人之所以感觉心累，就是因为常常徘徊在坚持和放弃之间，举棋不定。生活中总会有一些值得我们记忆的东西，也有一些必须要放弃的东西。放弃与坚持，是生活摆在每个人面前的难题。对于女人来说，敢于坚持是一种勇气，而勇于放弃也不失为一种大气，很多时候，与其盲目执著，不如果断放弃。

然而放弃对于女人来说是最痛苦的，尤其是放弃爱情或者婚姻，因为这两者都是女人心中最重的砝码。其实，从表面上来看，放弃是失去，放弃会使人痛苦不堪，但事实却不是这样的。因为在放弃的同时，也滋生了新的再生的机会，创造了转折的契机。

有个女孩子，一向保守，但由于一时冲动，和男朋友有了婚前性行为。她恼怒、悔恨，却也安慰自己：“没关系，他是爱我的！”

后来，他男朋友对她实在是不好，她天天找人诉苦，却又不离开他。她妹妹劝她：“别再傻了，快些离开他吧！别再和自己过不去。”

她说：“不可以，他是我的第一个男人，也是我的初恋！”

现在，她仍和她的男朋友在一起，偶尔流着眼泪诉苦，偶尔安慰自己：“他总会知道我是真心对他好的！”

也许她要的，就只是自我安慰而已。她很会劝别人分手，最会讲的便是：“别傻了，快离开那个男人，别再白白受苦。”这么会劝别人的女人，最后却劝不了自己，终究也只能令自己受苦。

当执着成为一种重负和伤害时，放弃同样是美丽的。幸福就像握在手中的沙，握得越紧，流失得越快。如果你不能挽留住什么，那么尽可以选择放弃以获得解脱。要知道，与其萎靡于现状中悲戚，不如潇洒地离去，必要的放弃不是怯懦与退缩，而是一种洒脱。

聪明的女人懂得放弃，真情的女人懂得牺牲，快乐的女人懂得超脱。当然，作为女人，我们并不能盲目地一味放弃，那无异于拿自己的努力开玩笑。我们需要做的是，放弃那些本不属于自己的抑或看似美好实为阻碍我们前进的东西，然后重新确定目标，锐意进取。

虽然放弃的过程是痛苦的，但它的果实却是香甜的。因为，放弃也可以促成一些意想不到的美丽，放弃之后会得到更多。的确，当我们真的要放弃一些我们经过努力才得到的东西时会很难，这好比蛹要转化成蛾需要经过痛苦的蜕变一般。但是如果我们畏首畏尾，什么都舍不得放下，我们的人生答卷将是一片空白。如果不懂得选择和放弃，把一切都背负在身，那么任何人都无法摆脱被拖垮的命运。生命如同一场旅行，如果负重累累，自然就无暇去欣赏沿途的风光。抛弃那些不必要的拖累，抖落所有不必要的麻烦，旅途才会变得风光无限。

爱情对于某些女人来说，是生命的一部分，是一种人生的经验，有顺境有逆境，有欢笑有悲哀。爱情并不是不变的，女人在和一个人相爱时，要尽量享受快乐幸福的感觉。分手时，或者遇上障碍时，要学会自我安慰地说："这是人生难免，合久必分，也许前面有更好、更适合我的人哩!"勇敢地、淡淡然地处理自己伤心失落的情绪，重新发展另一段感情。

有另外的一些女人，会固执地认为一生里最爱的就是这个男人，不相信世界上有更完美、更值得她们去爱的好男人，所以当这段恋情有变时，她们就会失去了所有的希望，也对自己的自信心和运气产生怀疑。认为对方不再爱自己，就等于自己是不值得别人去爱的。这段关系遭受外界的阻力，就等于"天不助我也"。如此，她们就会走向比较极端和消极的想法，也可能会选择自杀的路途。

伤心的女人们，请你们注意：其实，现实人生里，几乎没有人是像电影小说流行歌曲所形容那样幸福地可以一次恋爱就成功，永远不分开的。大多数人都是经历过无数的失败挫折才可以找到一个可长相厮守的人。

所以当你失恋时，当你们不可能永远在一起时，你应该告诉自己："还有下一次，何必去计较呢。"无论你这次跌得多痛，也要鼓励自己，坚强起来，重拾那破碎的心，去等待你的"下一次"。

人生最怕失去的，不是已经拥有的东西，而是失去梦想。爱情如果只是一个过程，那么失恋正是人生应当经历的，如果要承担结果，谁也不愿意把悲痛留给自己。女人要想获得幸福，就应该明白该放时就干干脆脆，潇潇洒洒地放手。记住，下一个他将更适合你，或许你的幸福就在下一站。

婚恋悟语

主动的放弃是明智的调整，是真正获得的前提。或许人生就是这样，需要执着的争取，同样也需要明智的放弃。

第二章 好老公需要妻子来打造

贤惠的妻子都会积极地看待老公的不足，赞赏老公优秀的一面，给老公足够的自尊心和自信心，这是对男人最大的支持，也是呵护幸福婚姻的有效法则。所以，女同胞们，与其羡慕别人有一个好老公，不如把精力放在自己的老公身上，多多给予他支持和信任，或许有一天你会发现，其实自己的老公是很棒的！

好老公是“哄”出来的

现如今，社会所赋予男人担负太多，诸如家庭、社会、工作等各方面的压力，令男人疲惫不堪，而男人囿于传统观念的樊篱，尽管在物欲横流的冲击下，在残酷激烈的竞争中，虽然时常是烦恼和困惑相融，失望和不甘相撞，却不得不装出潇洒的样子，表面上谈笑风生，内心却在悄悄流泪。

他们不能言苦，不能絮叨，只能封闭。然而同时，另一种相反的倾向也在滋生和积累着，那就是对爱抚的需要，对温情的渴求，对依赖的寻觅。一旦达到一定程度，这种“反意志力”就会冲破意识的围栏，到处流淌。这或许就是男人一旦崩溃，便会比女人更羸弱更不堪一击的原因。要知道，男人也很脆弱，他们的心如同玻璃，表象坚硬，实际是不堪一击。

可是千百年来，人们都认为，女人是用来哄的，一个好男人，哄好自己心爱的女人，那是天经地义的事情。而女人们往往也认为男人是坚强如盾的，男人的脆弱她们从来不屑，男人的娇柔也常遭她们耻笑，但事实上，男人并没有我们想象中的那样坚强，很多时候，男人就像被一层金属包裹起来的鸡蛋，当你穿透那坚强的外层后，所表露出来的是一个脆弱无比的实体。

自古以来，社会通行的标准都是“男儿有泪不轻弹”。男人从光屁股起就接受这样的教育：作为男人你可以流血，但不能轻易流泪。几千年下来，这个要求已经渗透到男人的血液和骨髓之中去了。是男人就得顶天立地，是男人就得事业有成，这给了男人太多的压力。在这种重压下，男人拼搏着，奋斗着。然而，成功并非易事，大多数男人依旧平凡。平凡的男人心有不甘，他们也有自己感情脆弱的一面，他们也需要一份安慰，需要一份关爱，一声问候，一种理解，更需要自己心爱的女人能哄哄自己。

男人一旦面对事业的重创和沉重的打击，会比女人更羸弱、更不堪一击。此时，你知道男人最渴求的什么吗？别再以为男人是树、男人是山，再坚强的男人也渴望女人的理解与鼓励。一句“你很棒，你已经尽力了”会如天籁般滋润男人的身心，也会促使男人百尺竿头更进一步。

尽管男人有坚实的脊梁、宽厚的臂膀和高大的身躯，但在他所爱的女人面前，也会变得脆弱，变得弱小，甚至像个孩子。尽管他很少承认，但他的心里真的是需要你的呵护，需要你也像他哄你一样的哄哄他。

“哄”男人，会让男人更加疼爱女人，会让两颗心更加相依。他不会求你给他多少物质上的回报，只求你的关爱，你的在意，你的“哄”。他会感到你的关爱是一种甜蜜和温情，你的在意是对他的支持和尊重，你的“哄”可以化解和稀释他许多的疲惫和忧伤。

他不在意你给他多少温柔，哪怕只是一句话：“我爱你！累了吧！”一句温馨的问候，就能让他在你面前卸掉全部伪装，让他疲惫的心灵得到放松。

女人要读懂男人、理解男人、呵护男人，否则你即使把家里打点得周周到到，也仍然不能得到男人的眷顾。做女人不仅要苦干实干，还需要聪明机智。

很多事情，只要你略施一下“哄”的手段，就能达到“四两拨千斤”的效果。如果你想尽享爱的甜蜜，一定要让男人体会到什么叫“归心似箭”，让男人明白什么叫“梦魂牵绕”，这样才会让他毫无保留地把爱都给你。

男人被哄后的感觉，常常是胜过女人的，那种甜蜜的温情，如雪中送炭，可以化解和稀释男人的许多疲惫和忧伤。哄男人，其实是让女人一颗善解人意的心灵去温暖另一颗渴望理解交融的心灵。哄男人，是一个好女人为自己创造幸福生活的开始。哄男人，会使男人更加疼爱女人。哄男人显示了女人的特殊力量和情怀。有了这一点，夫行千里也恋家。所以哄一哄男人，利人利己，何乐而不为呢?

“哄”男人并非是一种欺骗或一种不良手段。它是感情的润滑剂，既能防锈，又能减少摩擦和噪音；它是男女保持浓烈情感的重要因素。但“哄”男人也要恰到好处，不同的男人有不同的“哄”法，而且要注意掌握一定的度，不能一次“哄”足，只能“哄”得三分之二。如果你能做到这一点，哪怕再烈的马，你都能驾驭有术。

“哄”男人是女人经营婚姻的一种手段，特别是在不再奉行“永恒爱情”的今天，“哄”男人似乎更应该是女人在婚姻保卫战中必须掌握的艺术。如何使男人一下班就想到回家，望着其他女人而心无邪念，并真正地把“枕边风”听进去，讲究的还是一个“哄”字。“哄”不是欺骗，也不是顺从，更不是失去自我，是一种由心底自发的怜爱，更是男女之间相敬如宾的从容。

男人女人虽说都是独立的个体，但他们仍然需要相互理解，相互支持，相互抚慰、相互偎依。懂得哄男人的女人是男人心灵休憩的港湾，是男人渴求的爱。徜徉在其中的男人将体会到更多的温情与甜蜜，反过来，女人也会收获更多的爱。所以说，好男人是“哄”出来的，而不是管出来的，女人们多学习一下“哄”的艺术吧！它会使你的生活更愉快、更甜蜜！

婚恋悟语

同样是肉体凡胎的男人，也与女人一样，有着各种情感。他们也想笑，也想哭，也想发泄，也想找个臂膀靠靠。作为女人，你是否明白这一点?

把丈夫当成大男孩

世界上所有的母亲是男人生命中的第一个女人。母亲给了他们生命，并永远鼓励他们。母亲对于男人来说就是温暖，他们对母亲的依恋几乎是与生俱来。失败时从妈妈那里得到鼓励，成功时他们从妈妈那里获取诫勉。算不上是恋母情结，但是每个男人心目中的理想女性形象总是以母亲为模本。

在精神分析方面的鼻祖弗洛伊德认为，俄狄浦斯王的故事之所以能如此打动人心，正是因为他唤起了很多人心中的恋母情结。

有人说男人是山，女人则是水，山一样伟岸的男人在水面前也会化为绕指柔情，女人征服男人，要从把他当成大男孩开始。男人从本质上说其实就是个孩子。他们终生都要扮演儿子的角色。

男人有时像个喋喋不休的孩子，下班回来急于把一天发生的大小事说给你听，等你褒奖、评议和同仇敌忾。

男人有时像个天真好奇的孩子，问一些不着边际的问题，还会像孩童一样提出一些小要求，让你不忍拒绝。

男人有时像个被惯坏的孩子，承受不了挫折打击，甚至是一句过分的话，看着他痛苦的眼神，你会心疼得不知怎样迁就宠溺他。

男人有时像个娇气的孩子，当他在哪儿磕伤、碰伤了，他希望女人能怜爱他，珍惜他，哪怕只是握住他的手，轻柔地问："疼吗?"他当然明白你不是医生，但他有把握你是多么珍惜他。他就要你关注他一下，最好还有一惊一乍的痛惜。

男人有时像个受委屈的孩子，他不愿像一只受伤的动物躲进丛林独自舔伤口，而是可怜巴巴地无助地望着你，等候你的怜爱和抚慰。

更多的时候，他说不出原因，也许是对世界力不从心的挫败感，也许是工作上的纠葛缠绕，也许是情绪的死结无计可解，总之是茫然、无奈、束手无策，苦恼得简直不知怎么好。这时候他也想哭，尽管眼泪对于一个男人来说，实在是过于秀气的一件事，但某些时刻非此不可。因为他心里已经蓄满泪水，不让它溢出来，会把他淹死。他想到一个没人的地方，或是痛痛快快地哭，像个耍赖的孩子；或是一声声地哭，像个迷途后再见到母亲的孩子；或是把脸埋进你手中，把头枕在你膝上静静地流泪。

男子汉的眼泪一滴一滴都是可穿石的，却一点都无损于他男子汉的形象，反而添了几分人性，你的心都会被它滴穿。正如《男人哭吧哭吧不是罪》唱的一样，男人的眼泪是有滴水穿石的力量，会让女人更心疼，更怜惜，激发女人潜在的母性意识，给予他慈母般的安抚与宽慰，这样会让男人觉得放松与愉悦，会更从心底依赖你、爱你。

假如你有经验，你就会发现，男人都很喜欢接受女人主动的爱抚，那是在他潜意识中的一种正在撒娇的感觉，就像在母亲的怀抱里的那种感觉。男人在成年后，很少能有孩童时期的被大人成熟而有力的关爱的感觉，这一点，他却能够在爱人之间，尤其是在女人主动的爱抚中体会到。

所以，当女人主动爱抚他时，看到的是他不同于其他时候的温情和舒适的样子，而女人，很有可能就会不由自主地产生母爱的本能，从而更加疼爱你怀抱中的那个大男孩。

无论男人多少岁，他心底总会隐藏着要女人疼爱的欲望。弗洛伊德认为这种欲望只是男人的一种天性和本能，伴随他的一生。哪怕是平日里再成熟稳重的男人，也会偶而流露出孩子的神态，千万不要嘲笑讥讽他，爱一个男人，就要做他的情人、朋友和母亲，心疼他、怜惜他、照顾他，不离不弃。

爱得深了，潜在的父性或母性就会参加进来。只是迷恋，并不心疼，这样的爱尽管炽热，却缺乏深度，多半不能持久。成功的女人，应该同时是她丈夫的情人、朋友、女儿和母亲。一个母性淡薄的人，也许会是好主妇，但绝不会是好妻子，因为——男人永远是孩子。所以，聪明的女人知道男人的所想，所以给男人母亲般的关怀是妻子的责任，也使得自己可以拥有美满的婚姻。

婚恋悟语

虽然男人表面上是坚强的，可是骨子里还是有一点脆弱。每个男人都是一个大男孩，成功的妻子会让丈夫在家中脱下坚强的面具。这就是妻子为什么要用母亲的角色来关爱男人的真实的一面。

不要吝啬你的赞赏

夫妻之间的情感之花需要用那些真诚的赞美和富于柔情的话语来培养和浇灌。那些话语，像甘露一样滋润着彼此的心田。在倾心交流之中，两心相悦，两情相依，快乐地生活，恩爱一生。

然而，有些人往往不注重语言的选择，尤其是一些心直口快的女性，出口就会伤人。其实，夫妻之间本是荣辱共担的伴侣，任何企图靠贬低对方来抬高自己的行为都是不明智之举。

有的女人习惯性地常常指责自己的老公：“就你，也能成功？哼！你也不趴地上照照，看你这副德行，你要能成功的话，太阳就不从东边出来了。”这种伤人的恶语，必然会使夫妻关系变的更加恶劣，冷却到极点。

可是每个男人希望自己成功，能够在社会上打拼出属于自己的一番天地，并不希望自己庸庸碌碌地过一辈子，妻子在这其中起着决定性的作用，作为妻子应当全身心地帮助自己的丈夫实现他的追求。要做到这一点，需要相当的智慧，不要挑剔他，也不要拿他与朋友中的老公相比较，也不要使他工作过量而劳坏了身体，而是应该温柔地鼓励他、赞赏他，给他加油打气，做他坚实的后盾。

当男人听到心爱的妻子说："你真了不起，我以你为骄傲，我真高兴这辈子能做你的老婆。"当男人受到妻子的赞美时，没有那个男人不会高兴得眉飞色舞。所以，妻子的人生观，以及她是否愿意鼓励和支持她老公的程度，可以决定一个男人在事业上的成败与否。

因此，有人常说，好老公是"夸"出来的，不是靠压迫出来的。所以，贤惠的妻子千万不要吝惜自己的夸奖语言，只要老公有一丁点好的表现，就适时地赞美他，让你的老公深刻体会妻子的那种温柔爱意和热心的体贴，他会在你的赞美中觉醒、奋起、肩负起男人的责任。

夸奖，是对老公莫大的精神鼓励。贤惠的妻子必须有这样的观念，心爱的老公在外所做的一切努力，不管是为事业，还是努力赚钱，目的只有一个，就是为了让自己的妻子过上幸福美满的生活。这也是每个男人的责任，也是男人的奋斗目标，更是男人为之卖命的源动力。因此，贤惠的妻子时刻要保持一颗感恩的心，在适当的时候，及时把内心的感激之情用言语表达出来，用你的赞美来表达对他的崇拜之意。这样，他就会更加自信，更加努力地工作，而无怨无悔。

同时，真诚的赞美对于男人将会产生积极的影响。适时地对他进行赞美，让他感觉到自己已经是成功人士了，他的一言一行就是成功人士的标准言行。

赞美他多么潇洒，即使他所喜欢的装扮早已是60年代的装束；赞美他所喜爱的领带，即使他打上领带后是多么的土里土气；称赞他的风度，而不要提起昨天晚上他在宴请朋友聚会上所说过的那些失礼的话。告诉他，你相信他可以说服所有的顾客，最终他一定会成功！这并不夸张和可笑，看一下约翰的经历就明白了。

约翰是一位杰出的桥牌高手，在当地很有名气。其实约翰刚到美国的时候，不论做什么事都以失败而告终，甚至他觉得自己是一位最差的桥牌手。但是，当他娶了一位美丽迷人的桥牌老师后，他的运气开始好转了。她通过赞赏和激励使约翰相信自己是一个很有潜力的桥牌天才。

在太太的鼓励下，终于使约翰下定决心选择桥牌作为自己的终身职业，并通过努力终于取得了成功。

所以，不管在任何时候，做任何事情，我们都要以一颗感恩的心来夸奖自己的老公，维护老公的权威，满足他的虚荣心和自尊，以增强老公的动力，这也是一位好妻子应具备的美德。妻子对老公的赞美和鼓励，也是给予老公最好的奖赏，你的老公一定会更加的努力工作，并心甘情愿地听你的指挥，而毫无怨言。可以说赞美和鼓励也是幸福婚姻的润滑剂，同时也是老公积极向上的原动力，它会让你的老公会更加的信任你、依赖你，你的婚姻将会更加的幸福和美满！

婚恋悟语

每个男人的成功都离不开妻子真诚的赞美和激励，这也是很值得妻子去尝试的行为，而且一定能使自己心爱的男人那潜藏在内心底下的能力，发挥出来的最有效的方法。

多一些赞赏，少一些指责

既然爱一个人，就要爱他的全部。人无完人，对待丈夫的优点，自然应该持欣赏态度；对待他的缺点，也应该多一点包容和忍耐，少一点抱怨和指责。

聪明的女人，有时候还会用赞美代替指责和抱怨。一个人无论他多么明理、智慧、高尚，也无论他是你的什么人，无一例外地都会本能地对他人的指责、抱怨进行防卫、抵抗。因为，指责、抱怨是对他存在价值的否定，是对他自尊的伤害，他不太可能以积极的态度加以回报，即使是暂时的接受，或许也只是表面上的应付，小心他会“以牙还牙”。非但如此，指责、抱怨也不会使事情有任何的改观。

其实，生活在同一个屋檐下，在长期的相处过程中，磕磕碰碰都是在所难免的，每个人也都有自己的生活方式和生活习惯，如果不是原则问题，大可不必太过计较。相反，你却可以常常赞美他是多么能干，多么优秀。

有一个女人，聪慧漂亮，她的丈夫是某政要的秘书，有名的“笔杆子”，俩人可谓郎才女貌。后来，丈夫升职了，他们也有孩子了。一个大学同学偶尔在街上遇见她。浓淡适宜的妆容，高贵、优雅的气质，直觉告诉同学，她真是一个幸福的女人。同学向她打趣说：“有爱情的滋润，女人的美丽就是不一样。”她只是淡淡一笑，平静之中似乎有些忧伤。她说：“婚姻如鞋，合不合脚只有自己知道。”“你那双优质的婚姻鞋难道不合脚吗？”同学反问。

也许是平时她少有倾心诉说的机会，此时，她的话匣子打开了，历数丈夫的种种陋习：喝酒、抽烟、应酬多、早出晚归……让她慢慢地受不了。她是个很敏感的女人，很在乎自己的感受，天长日久，灰色情绪渐渐堆积，离婚的想法都有了。

沉默了半晌，同学问她：“你爱你的丈夫吗？”毋庸置疑，从她的表情就应该看得出来，她正是因为太爱、太在乎，所以才会有失望。

同学笑着对她说：“其实你的鞋子还是很合脚的，只不过鞋子里有几粒沙子而已。”

她是个聪明的女人，明白了对方话里的意思，她笑着说：“那沙子挺硌人的，要想办法把它们拿出来才好。”

这世上有很多人说鞋子不合脚，其实未必就是鞋子有问题，可能是鞋中之沙造成了一种不合脚的错觉，因为几粒沙而放弃整双鞋子，那可是太愚蠢了。

完美是一种理想状态，因为世上的任何事物都不可能没有瑕疵，绝对的完美是不存在的。但从另一个角度说，完美的东西是存在的，存在于人的心里，只有宽容、乐观、知足的人，才能感受到完美的存在。

在日常生活中，女人不妨用欣赏代替指责，常常赞美自己的丈夫。如果一个人能经常听到真诚的赞美，就会明白自身的价值，有助于增强其自尊心和自信心，更能让人感到愉悦和鼓舞，从而会对赞美者产生亲切感。特别是夫妻双方在对事物的看法、认识上有分歧时，适当的赞美会产生神奇的力量，不仅能化解矛盾，克服差异，更能促进理解，加强沟通。

婚恋悟语

批评、抱怨不仅仅是对对方的伤害，也是对自己的伤害。我们完全可以想一下，当我们对自己最亲密的爱人进行过指责和抱怨后，自己的心情会好受吗？

多给丈夫一些关爱

男人其实很希望得到自己女人温柔体贴的关爱。在男人眼里，温柔的女人才是最有女人味的女人。而温柔又绝对是吸引男人的杀手锏，况且温柔又是女人天生就具备的资质。所以，聪明的女人会适时适地地放射温情的光芒来软化男人，以此抓住他的心。在热恋期间，男人还可以如愿以偿，可以品味到爱的滋味。然而结婚以后，围绕在男人身边的不再是那甜甜的爱，而是整天的唠叨，不停的指责和大声的怒骂。

曾经有这样一个问题：如果有来生，你还要嫁给你现在的丈夫吗？

有的女人做了这样的回答：“决不，决不再嫁给这样一个小气、邋遢、懒惰、自私自利的男人，这些我都看眼里，这些坏习惯我实在无法容忍，我怎么可能还嫁给这样一个男人呢？”

还有人这样回答：“当然，如果有来生，我还是很高兴嫁给他的。虽然他有很多的缺点和小毛病，但是在我面前他是最诚实的。他包容我的缺点，懂得关心和体贴我，对家庭也很负责，很有家庭的责任感。这样一个好男人，我很乐意和他生活在一起。”

男人在外面奔波是为了家庭的幸福；为了心爱的妻子可以过上舒坦的日子；为了实现男人的价值。男人活的很累；男人也很脆弱；男人很需要心爱的妻子多给自己一点爱和对他事业的支持。男人这部机器需要妻子每天用她的爱来为他添加燃料的。

有人说，女人如药，幸福的家庭是避风的港湾，好女人则是港湾的优秀管理者；破裂的家庭是漏雨的天窗，差女人则是天窗的打开者。这话是不是过于偏激了呢？

其实，更准确的说法应是，好女人如“复苏丹”，男人心情不好时，好女人往往会让男人在这味良药的苦味中，慢慢地咂出一丝淡淡的甜味和幸福的回忆；好女人如“强心针”，男人气馁时，好女人敢于一针见血地指出男人失败的症结，激发出男人重新振作起来的勇气；好女人如“维生素”，男人倦怠时，好女人能使男人迅速消除疲劳，产生出新的拼搏力量。好女人如“稳心丸”，男人成功时，好女人轻轻地告诫男人“山外有山”，当作一切从零开始，方可立于不败之地；好女人如“感冒片”，男人发牢骚时，好女人不声不响地溶入水中，待男人降温后再慢慢开导，而不是“火上加油”。

说话实在是一门艺术。说得好可以救人，说得坏则可杀人。许多女人都以为结了婚，一家人了，当然就可以畅所欲言，想说什么就说什么。逞口舌之快的后果却是丈夫早已同床异梦了，你还压根儿不知错在哪里。

有一位心理学家曾告诫女人说：“你每说一句话，每发一个声，都会被记录下来，即便你旁边没有人，山会记下来，水会记下来，凳子桌子也会记下来。千万不要以为你说的话没有用，不会产生什么影响。”所以，好话要多多益善，坏话能不讲就不讲。很多婚姻关系的破裂都是因为讲话太随便所致。

而好女人都有一个共同的特点，那就是温情十足，女人味十足。

常常听到的抱怨是：“我把心都掏出来给他了，他怎么能这样对我？”怎样爱一个好男人？其实女人爱男人，看重的往往是男人对她好不好，而男人爱女人，看重的却常常是这个女人可爱不可爱。可爱的话，一举一动都令他神魂颠倒，你做什么都是好的；不可爱的话，做得再多都不一定有用。所以要把好男人据为己有只要经常表达一下你的温柔体贴，他就会乖乖就范，越发离不开你了。所以，每天多给老公一点爱，可以使男人激情迸发地投入到工作中去，对感情、对婚姻、对家庭都起到了加速的作用。

婚恋悟语

其实爱是一件很简单的事，爱可以是一句轻声的问候；可以是一句温柔的谢谢；可以是一个关怀的眼神。体现在一日三餐中，体现在柴米油盐中……爱就体现在生活的点点滴滴中。

做老公忠实的粉丝

对于男人，头顶上都戴着许多桂冠，如：“男子汉大丈夫”、“男人是一片天”、“男人是家里的顶梁柱”、“男儿是国家的栋梁”等等美誉，从这些响当当的桂冠中可以看出，男人是智慧和力量的象征。因此，男人在女人面前，尤其是在自己的妻子面前，是多么渴望和需要被佩服和崇拜，是多么希望老婆对自己追捧。

当今社会，追星是很时尚的词语，这种行为不仅仅局限于社会上，同时也可以应用到婚姻生活中。妻子可以采用追星的行为来表达自己对老公绵绵的爱意和无微不至的体贴，这样可以激发男人的斗志，将男人的斗志发挥到极至，使你心爱的老公在事业的道路上，一路过关斩将，到达颠峰。

所以说，对于自己深爱的老公，老婆应该是老公的追随者，而不是压迫者；是老公的支持者，而不是批判者。做好老公忠实的粉丝，是每一位妻子必修的课程。

在生活中，如果你把心爱的老公当作自己的偶像，那你当然会用“粉丝”的标准来爱护老公，了解老公的内心世界，明白老公有什么样的喜好，并以自己独特的方式传递给老公，满足老公精神上的需求。如果你严格按照以下这六大标准去做，你的婚姻生活将会变的和谐、美满、幸福。

1. 千万不要以自我为中心

你心爱的老公可不喜欢自己的老婆霸道的像个夜叉。他有他的事业，他有他的交际圈，如果你整天都要求他围着你转，他一定会很烦你，觉得你简直就是个累赘，很有可能在下次出席酒会的时候将你留在家里，让你独守空房。

2. 即使老公说的不对，也不要当众数落老公

假如你当众数落老公的不是，那将严重挫伤他的自尊心，他会觉得自己在朋友面前很没面子。本来你是一番好意，可是却事与愿违，这将会给婚姻埋下隐患，成为矛盾的导火索。

3. 在你的眼里老公是独一无二的

每个人都有自己的特点和个性，都有与众不同的地方。男人都希望自己的老婆赞美他与众不同，有个性，把他当作一个独一无二的男人来欣赏。千万不要说他和其他男人一样，淹没他的个性，这样会打击男人的斗志，使男人的意志消沉。

4. 夸奖老公的男人气概

男人都喜好将自己伪装得给人看起来很强大，展现特独立和自由的形象，以掩饰内心的脆弱。如果你经常在男人面前说他：“你是不是男人？”“你简直就是一个懦夫！”等等这种打击男人形象的话语，这些话会深深地挫伤你老公的自尊心。

5. 给老公完全的自由

男人都不喜好被他人控制或支配。一个真正的男人，绝对能够控制自己的时间、金钱和应对各种问题的决策。所以，男人希望拥有自由支配的权利。如果你试图控制他，摆布他，他可能选择逃避，不回家，不想见你。

6. 用行动告诉老公，一辈子都会忠于他

人人都害怕被亲人背叛，特别是自己心爱的妻子。如果妻子背叛了自己的男人，在世俗的眼光里，他是个没用的男人，这毋庸置疑是置男人于死地。如果你用实际行动来表示出对他完全的忠诚，则证明他是个真正的男人，男人的家庭责任感和同情心等，在他的身上马会现露出来。

托马斯·斯特尔那斯·艾略特，美国著名诗人、评论家、剧作家，诺贝尔文学奖得主，其作品在20世纪乃至今日的文学史上影响极为深远。

然而，艾略特的情感生活并不顺畅，他开始认识了舞蹈家薇薇安，他迅速地被迷住了，两人于当年的六月结婚。艾略特的父母对此感到震惊，当他们知道了薇薇安一长串感情史及精神病史后更是深深的困扰，这场婚姻使整个家庭濒于破裂。由于两人的性格差异巨大，艾略特的第一次婚姻注定是一个失败，薇薇安因为精神上的原因住进疗养院而正式分居。后来，艾略特娶了第二任妻子弗岚切，这场婚姻十分幸福。

弗岚切因对艾略特的崇拜与敬佩，激发了艾略特源源不断的创作灵感，使得艾略特登上了美国诗坛的顶峰。也可以这样讲，是弗岚切造就了一代诗圣艾略特，是弗岚切塑造了美国诗坛上一颗璀璨的明星。正如艾略特在《马耳他的犹太人》中写道："随着小提琴的抑扬及铜号嘶哑的小咏叹调，我的脑中响起了枯燥的咚咚声，荒谬的敲打它自己的前奏曲，任意无常的单调，那根本是一个明显的'走调'，——让我们换一换空气，在烟熏的恍惚间，敬仰那块纪念碑，讨论时下新闻，跟街钟对表，然后坐上半个小时，喝点烈性的黑啤酒。"

正是弗岚切的温柔和对艾略特的敬佩，潜移默化地改变了艾略特的人生航向，使得艾略特能够激情满怀地在诗歌的天堂里遨游。

英国作家劳伦斯说过，每个男人心底都有一个强大的忠诚本能。作为现代的知识女性，用什么样的方式，才能唤醒老公的忠诚本能和自律？是用束缚，还是争斗，还是女人的仁爱和真诚。让自己成为老公忠实的追随者，对唤起老公对你忠诚的觉悟，是绝对的上上之策。除此之外，还应该不断地学习，提升自己的综合素质，以适应老公的生活方式。

因此，在今后的日子中，聪明的你如果像追星族那样把你的老公视为心目中无比完美的偶像，加以崇拜，加以敬佩，加以关怀，那么你的这个“偶像”一定不会辜负你期望，他会更加努力工作，更加的疼爱你，他会觉得在这个世界上他是最幸福的男人，也会觉得你是这个世界上最值得他爱的人。

婚恋悟语

做老公忠实的粉丝，时刻表达出自己对老公崇拜与敬意，这样可以激发男人的自信心和斗志，使他在事业上，一路过关斩将，直至颠峰。

给予老公充分的支持与信任

男人从心里都希望得到女人的崇拜与支持，这种崇拜和支持不是表面的阿谀奉承和无端的献媚，而是发自内心的叹服，对他人格和品行的认可和崇拜。当贤惠的妻子崇拜自己的老公，并以他为荣时，在老公的心里一定会产生一种被人崇拜的满足感和被人认可的成就感……对他来说，这无疑是一种莫大的精神鼓励，这也是他的自信与力量的源泉，这更能激发他的斗志，促使他在事业上更上一层楼！

崇拜的力量是很巨大的，很多伟大人物之所以伟大，就是因为在他的背后有一个崇拜他的爱妻，时刻都在给他一份精神上的力量，给他勇气和信心，这股力量是足以推动他去完成自己的事业。

男人是社会的中坚力量、是家庭的顶梁柱，是女人一辈子的靠山。其实男人并没有女人想象的那么坚强，男人也需要女人的支持，也需要有个肩膀，在疲惫的时候休息一下。

就像幸运的亨利·福特先生，在年轻的时候是密西根底特律电灯公司的一名技工，每天的工作时间是十个小时，下班后继续在屋后的一个旧工棚里工作，想为马车研究出一种新的引擎。

当时，除了他的妻子，所有的人都在取笑他。

白天的工作结束后，妻子就开始帮助他研究。亨利太太提着煤油灯，寒冷的天气把她的双手冻成紫色，但是她坚信丈夫总有一天会成功。亨利先生亲切的称呼她“信徒”。

1893年，邻居们被一串奇怪的声音吸引到窗口，他们看到亨利·福特和他的信徒，正坐在一辆没有马的马车上，那辆车子摇摇晃晃地，居然可以拐个弯又跑回来！

那天晚上，一个对国家影响巨大的新工业就这样诞生了。

福特先生在五十年后接受访问时，有这样一个问题：“如果有来世，您希望变成什么？”他回答，“做什么都无所谓，只要能够和我太太在一起生活。”

然而，现实生活中，有很多的女性朋友不明白其中的事理，不懂得去全身心地支持和爱护自己的丈夫。当厄运来时，这样的女人会用刻薄的言语和行为，挫减男人本来就已经消耗殆尽的锐气。女人对男人这种身心的折磨，使得男人直不起腰杆，甚至一蹶不振。但是如果女人对自己心爱的丈夫说：“这么点小事情，不必放在心上。这样的事情是压不倒我的男子汉的，我相信你一定行！”那么事情的发展就会大不一样了。

一般自信心强的女人，对自己的丈夫赋予了极大的信任。自信的女人用一种特殊的视觉，来审视自己的丈夫，看到了丈夫身上别人所看不出的特质。她不仅用眼睛看，还用内心的爱去看。

然而，在现实生活中，经常会有这样的现象出现。两个女人在一起聊天，当谈到各自的老公时，一个女人说："我老公要钱没钱，论长相没长相，唉，这辈子算是瞎了眼，嫁错了人，嫁给这样一个窝囊废！"

另一个女人在谈到自己的老公时，则滔滔不绝，眉飞色舞，一脸的幸福感，完全沉醉于对老公无比的崇拜中，那副陶醉的神态，令人羡慕，让人妒忌。

其实在男人的一生中最牵挂、最离不开的人，不是那已步入老年的父母，也不是那年幼无知的孩子，而是那个可以用一生来陪伴他的那个女人——自己的妻子。在男人的心里，父母和孩子只是赡养或抚养的对象，是男人的义务和责任。但是，那个相濡以沫的女人才是他一生的最爱，是那个女人让他鼓起勇气，给他直面挫折的信心。

所以，每个男人都需要在自己的身边有一个追随自己的忠实信徒，需要一个在他陷入困境时，忠心支持他的女人。这种女人不会让自己心爱的丈夫，永远沉溺在失败的痛苦当中。她会在丈夫遭受失败以后，及时鼓舞自己的丈夫，消除丈夫沮丧的情绪，让他重新燃起自信的信心，满怀踌躇地重新回到激烈的竞争中。

婚恋悟语

一个贤良的妻子也应该知道你是男人一生的依靠，男人的成功和失败就在你的一念之间。你的鼓励可以使男人加倍的努力，而你的恶语则会使男人变的像一只泄了气的皮球，失去了战胜困难的信心和意志。

男人需要支持，不需要指责

男人的发展离不开自己妻子的支持，没有妻子的支持，男人的发展也就没有坚实的后盾，所以女人大可不必将自己的老公管的紧紧的。男人就像空中飞着的风筝，任他高飞入天，牵引风筝的丝线却牢牢地抓在你的手里，只要你轻轻一拉，即使飞的再高，也会乖乖地回到你的身旁。

放手让自己的老公去做他喜欢的事情，即是对老公尊重的具体表现，亦是增强幸福婚姻生活的最好选择。一个自信的女人绝不会把自己的老公禁锢在僵死的生活里，用女人的枷锁将男人牢牢地套住。

对自己的老公管的太紧，会使他失去很多发展的机会。所以对心爱的老公不必管的太紧，给他创造宽松的发展环境并支持他去努力去做，才是聪明女人的聪明之举。

凯西在这方面做的就非常好。凯西的丈夫是一名送货员，由于公司效益不景气，被老板解雇了。他有没有任何的职业技能，也没有受过任何的职业培训，这样找工作就很困难，尤其已步入中年。

夫妻二人经过商量，决定将家中所有的积蓄全都拿出来，开了一家面包店。因为是刚刚开始，没有能力雇店员，于是她便全心投入到面包店里，努力经营属于他们夫妻俩的新工作。

那时候，除了料理一大堆的家务外，还必须在面包店帮助丈夫招待客人，每天都站十几个小时，给客人鞠躬、点头、哈腰说谢谢。抽时间还得打扫店里、店外的卫生，这么大的工作量，实在是太辛苦，一般的女人是受不了这么辛苦的工作的。

但是，凯西很高兴地说："这是属于我和我丈夫的一片天地，我们要为自己的前途而努力奋斗。"就这样面包店的生意一天天的好转起来。

因为有凯西这么明事理且能同甘共苦的老婆，才使得凯西的丈夫从人生的低谷走出来。在现实生活中，像凯西的丈夫这样中年失业的情况很多，由于妻子不愿意帮助丈夫渡过难关，以致家庭的整个经济开始下滑，最后弄得家庭破裂的例子比比皆是。

每个人都无法预料未来会发生什么意想不到的事情，突然使家庭的经济来源中断，在此刻，贤惠的妻子不会用谩骂、争吵和指责来解决家庭问题，而是与丈夫一起承担起家庭的责任，不退缩、不逃避，只有如此，夫妻才能一起走过生活中的风风雨雨。

所以，作为一名妻子，帮助自己的老公实现他的理想，是自己应尽的责任和义务。老公的理想就是你的理想，只因你们已是夫妻，已是一个家庭。

男人的成功离不开妻子的支持，贤惠的妻子一般都是老公的贤内助。在老公需要的时候，给予老公精神上的支持，给他坚定的信念，如：你行，一定行，我相信你的能力，我知道我的老公，是不会被困难压跨的。这些激励的话语，就足以让你的老公从困境中走出。当自己的男人经过你的鼓励，向前迈进一大步的时候，最希望与之分享成功喜悦的就是自己的妻子，因为是你的支持，才会有他今天的成功。此时，贤惠的妻子应以专注的眼神看着他，以认真、幸福的表情对他表示夸赞，再给他精神上的鼓励，他会更加深刻地体会到成功的喜悦，并进一步增加他取得更大成绩的信心。

帮助老公迈向成功是贤惠的妻子责无旁贷的责任，也是为了自己和老公生活的更加幸福美满的首要条件。在遇到问题的时候，怒骂和打击是不解决问题的，那样只会使你的婚姻产生裂痕，进而走向破裂。只有采用积极向上的行为和真诚的鼓励，才能使你的老公走出困境，树立坚定的信念，毫无后顾之忧地阔步向前。

因此，要想让心爱的老公进步，实现他的理想，千万不可采取威逼、给他施加压力，这样只会使你的老公被压的气喘吁吁，即使弯了腰，驼了背，他的理想也不会实现。

婚恋悟语

家庭就好比一辆行驶在路上的马车，有时候会陷入泥潭沼泽，此时的妻子应当承担起做妻子的责任，在车子的后方使劲地往前推，给你心爱的丈夫添一把微薄的力量。

兴趣一致才能志同道合

男人都有自己的兴趣和爱好，男人也很希望自己心爱的妻子来支持自己的爱好和兴趣，聪明的女人也会很积极地配合老公一起玩游戏、一起旅行、一起运动，而不是将老公的爱好全部扼杀。要知道，在扼杀掉老公爱好的同时，也扼杀掉了自己原本美满的婚姻。

能够嫁给一个有能力的男人，是女人一生的追求。

在许多人的眼里都认为盖茨的妻子梅琳达是非常幸运的，嫁给了一个非常优秀的男人。但熟悉盖茨的人都知道，他却是一个很难相处的人。他的同事曾说盖茨非常严肃，又充满强烈的好奇心，同时又不善于用语言表达感情。

但是，梅琳达却相当注意配合丈夫的爱好和兴趣，因为梅琳达知道兴趣和爱好是男人一生的喜好。因此，两人经常会玩一些如：猜谜、拼图等智力游戏，还参加很多富有挑战性的活动。盖茨喜好打乒乓球，梅琳达便努力练习以提高自己打乒乓球的技巧，来陪老公打乒乓球。盖茨也很喜欢参加雪橇狗拉力赛，梅琳达便陪着他在零下 30 摄氏度的阿拉斯加跋涉了 40 多公里而毫无怨言。

如果盖茨想做一次旅行，梅琳达便将孩子送到父母那里照顾，把房子托付给邻居看管，计划好行程，迅速整理行囊上路；如果丈夫想在家里开一个聚会来招待朋友，她立即会到超市去买一些半成品回来，把自己打扮得靓丽、大方、得体，开一个自助餐式的party……

这样的女人能让男人放心去爱，也会让丈夫宠到骨髓里去。

就像Chloe的老公Jones，在结婚以后他常常感到很失落，没有了婚前的那种浪漫的色彩。Jones是个性格很开朗的人，在节假日很喜好骑单车郊游、逛街、看演唱会等户外活动。但是Chloe却是个性格极其内向的女人，不喜欢言谈。在业余时间总是喜欢独自做些她喜爱做的事情，例如：读书、看电视、一个人在家玩游戏。Jones很渴望和自己的老婆一起度过每一个闲暇的时光，可大多的时候都被Chloe婉言谢绝。Chloe对她老公喜欢的事情完全没有兴趣。这使得Jones很回味婚前那些一起度过的时光是多么的美好和浪漫，可是那些时光已经永远不会再次出现了。

一个人的兴趣、爱好是由诸多因素决定的。由于每个人成长的环境和社交圈的不同，兴趣、爱好也就自然有很大的差异。试想立即改变一个人的兴趣、爱好是不现实的，把自己的兴趣、爱好强加给对方也会让对方痛苦。必须尊重、适应对方的兴趣爱好，与老公一起做他喜好的事情，并从中相互学习，提出一些建议和心得，培养自己广泛的兴趣爱好，才是行之有效的方法。

同样，在家庭中，总能看到这样一幕：老公和孩子一起在地板上、床上疯闹的情景。但是有的女人很不理解一个大男人和小孩子玩的那么开心的举动，很是不理解，甚至感到很惊讶。平时一个不苟言笑的大家长，怎么还会有如此孩子气的一面。

Abigail的老公就是这样一位大家长，下班后总会和儿子玩具车，和女儿玩布娃娃，Abigail心里就在想大概太阳真是从北边升起来了。她的老公便开导说："由于现代生活的比较紧张和忙碌，使得无暇顾及孩子的感受，要知道家长是孩子的第一位人生导师。多和孩子接触会让他们的心灵更健康，举动更活泼，将来更懂得友谊，更孝顺父母，所以从小就要培养的。”

现在，每当看到老公和孩子在身边嬉戏、打闹，快乐的像个孩子，Abigail也会情不自禁地加入其中，一会儿帮女儿重新扎一下乱掉的小辫儿，一会儿帮儿子掸掸衣服上的灰，嘴角挂着甜甜的微笑，家是多么的温馨，多么的快乐，一种幸福感油然升起。

玩闹可以放松心情，又可与孩子交流和培养感情，让孩子感受到父母对他们的爱，并且又促进了夫妻之间的情感，在玩闹中感受生活的幸福和与乐趣。

所以说，要想改变一个人的兴趣、爱好不是一件容易的事情，那简直就是一种徒劳的行为。还不如试着参与进去，和老公一起做他喜好的事情，这样不仅可以增进情感，也从中学到了很多以前不了解的知识，同时也增加了自己的知识面，对稳固婚姻和家庭的幸福美满起到了推波助澜的作用。

婚恋悟语

每个人都有自己的兴趣爱好，作为妻子适当了解老公的爱好，对夫妻感情的培养是很有益处的。

做老公的忠实听众

聪明贤良的妻子都懂得做老公的好听众，这对家庭和婚姻幸福是大有益处的，这不仅能抚慰男人负重的心灵，也给男人以最大的安慰，使的男人可以释放内心的压力，同时也在无形中了解了更多老公的所思和所想，使得你有机会占据男人整个的内心世界。

Addison女士刚结婚时，先生上班回来都会对她谈起工作上的事情。譬如说他怎么把一桩生意搞砸了。她呢？总是坐下来，然后一边听一边批判着给老公提供一些方法。她会说："也许是因为你哪里哪里没做好，你不如这样试试。"可是对她献的计和评论，老公竟是一顿怒斥："你要是觉得比我行，为什么不干脆由你来坐我的位子？"于是她也大怒，开始回吼："我好心好意坐这儿听你说，拼命想法子帮你，结果我得到的是一顿叫骂！"

现在，Addison明白了。当初先生根本就不是要求她提供什么解决之道，更不是要让她来评论对与错的。他要的只是她的了解，了解他功败垂成的懊丧心情。现在遇到类似的情况时，她的反应是："可怜的老公，我真替你难过，辛辛苦苦费尽心机，结果客户却选择了对手，这种感觉真是太可悲了。"

想想看，有多少次你的他在和你谈起一些不顺心的事时，你非但没有肯定他，反而"支持"了另外一个人？举个例子，先生回家说起没能够如意获得升迁。你的说辞是："运气真好，因为换个位子说不定你就没那么快活了。"或者是："上司不调升你，八成是有什么特别原因"；或者是"获得升迁的那位仁兄在公司的资历比你久。"或者："或许这样你真的就会离开那个鬼公司了。"不管你的反应是哪一项，都很清楚地表示你完全不了解他的感觉、他的失落和他的失意。其实，这时妻子的反应就该是："啊呀，真是的！你一定失望死了，你那么卖力，公司太不赏识人了。"记住：不要建议，不要提忠告。每次当先生谈一件事情时，就应该严厉地告诫自己："不许多嘴！他不是来听什么忠告，他只是要你在他身边，听他说而已。"

有人问："该把丈夫送到哪里去求助？"，回答是："你去帮助他，你去陪伴他。"这是金钱难买的特效疗法。

听见朋友谈起自己的伤心事，人们常常不知该说些什么话安慰。答案是什么呢？什么都不必说！说什么都安慰不了。只要用心倾听就行了。

一个肯听老公发牢骚、能当老公语言的“垃圾桶”不矫揉做作的女人，对老公的谈话肯用心倾听，也能适时地给老公打气，激发起他走出困境的斗志。把老公的事情当成自己的一样在关心，这不仅能得到老公的欢心和信任，也能得到老公加倍的宠爱。

做一个合格的听众也不是很容易的事情，这还需要不断的修炼和总结。

那么，如何修炼才能成为老公的“好听众”呢？下面的三个要诀，这是每一个好听众所必须做到的。

要诀一：不仅要用耳朵去听，还要用眼睛、脸孔、整个身体去倾听。

要诀二：适当地讲一些诱导性的话题。

要诀三：切记，千万不要正面反驳老公的观点。

学会倾听，做老公的忠实听众，是得到美满婚姻最基本的要求。你在倾听老公讲话的同时，也在了解老公的内心世界，也在了解他的交际圈中的人和事。并在倾听的同时，适当地激发他的男人气概，这对他的事业将起到极大的推动作用，这股力量是没有人可以给予他的，也只有你才行。

婚恋悟语

有句古谚说：“上帝给我们两只耳朵，却只有一张嘴，大概是教导我们应该听的比说的多两倍，否则我们就会是两张嘴一只耳朵了。”

第三章 会持家的女人最得男人欢心

有些女人觉得只要嫁个好老公，从此就不愁没钱花，就可以活得舒心自在了。殊不知，如果你没有未雨绸缪的持家观念，就算拥有金山银山，都有坐吃山空的一天，只有学会持家才是保持家庭长久幸福的秘诀。

让美丽和财富增值

追求美丽和财富的保值增值是女人一生不能停止的事业。女人要想给自己一个美丽自信的微笑，就要学会理财，理财是一件正大光明的事情，它与生活质量和生活理想息息相关。能够合理地为自己、为家庭积累财富，这不仅是一种生活技巧，更是一种生活艺术。

Emily参加工作已经快三年了，和男朋友两个人打算等有买房能力的时候就结婚。在这个城市买一栋房子至少要在四十万美元，Emily的月工资在两千五百美元左右，她男朋友的月工资在三千五百美元左右，两个人合在一起月收入是六千美元。Emily和男朋友算了一笔账，他们两个人现在一个月的总开销差不多要三千美元，包括房租、吃饭、打车、电话费和其他日用开销。这样他们买房首付需要的八万美元要两年半左右才能攒够，而事实上只要理财有道他们完全可以提前攒够首付。

于是Emily提出了她的理财计划：把他们现在租的两居室租出去一半，这样房租由一千二百美元变为六百美元；每天早起半小时，这样离公司比较远的男朋友就不用再打车了，可以坐公交车，每月可以省近三百美元；每天早起的半小时用来做便当，这样两个人中午就不用再去单位外的餐馆吃饭了，一来每月可以省五百美元左右，二来既卫生又营养。再加上其他方面的细节计划，他们每个月的存款就能达到四千四百美元左右。这样算来他们只要一年半就可以攒够首付了，但已经习惯了花钱没预算的男朋友却不太看好Emily这个理财计划，认为这样预算正常的生活就会受到影响。可是几个月下来，他们的生活并未受到什么影响，而且钱包确实比以前鼓了不少。Emily的男朋友喜上眉梢地说："看来以后真的要学着理财了啊！"

态度决定一切。是的，态度决定一切！你是否有一个正确的理财观念、理财态度，将决定你以后的许多决策，将决定你是在理财还是在“败财”。如果没有正确的理财观念，即使你有着很不错的收入，那么在真正需要钱的时候，你也极有可能身无分文。

我们生活在一个现实的世界里，每时每刻都有可能用到钱。钱对我们来说不是无所不能的，但是没有钱也确实是万万不能的。生活总会给我们出许多未知的现实的难题，有多少人就被这些难题所击倒了。要想成为生活中的强者，你不只需要学会赚钱，还要学会理财。

现实生活中有理财意识的人很多，但是真正能做到正确理财的人却寥寥无几。萧伯纳曾经说：“每一个以亿为单位的数字背后，除了艰辛的创业史外，还有自成体系的理财方式。其实世界上没有传奇，只有不为传奇而努力；其实赚一亿并不难，难的是让理财方式适合自己。”上面案例中的 Emily 是个聪明懂事并且有前瞻性的女孩子。现代的女孩子们大多喜欢享受生活，这没有什么错，但是要注意你的花钱方式和花钱习惯。要知道，这种习惯可能跟随你的一生，也足以影响你的一生。学会建立一个正确的理财理念，可能你现在还看不到什么大的收益，但在你的一生当中，它会给你很多意想不到的帮助甚至惊喜。

婚恋悟语

有一句话叫做“你不理财，财不理你”。一个没有理财意识的人是很难完成和自己的收入相匹配的财富积累的。

学会理财，为丈夫解决后顾之忧

富裕的生活是需要金钱来支撑的，可是对于一个家庭来讲，收入总是有数的那么几吊铜板。可是在女人的心里又有很多的梦想是需要金钱来支持的，无论家庭的经济是否景气，漂亮妻子那一个又一个的梦想总是套在丈夫脖子上的绳索。所以，学会理财是女人必须要面对的问题，也是必须掌握的一门技能。

俗话说："吃不穷，穿不穷，算计不到一辈子穷。"别小看这一天的开支，累计起来的数目高的吓人。所以，作为家庭财政大臣的女人，要好好利用你手里的权力，合理地搭配日常的家庭开支，并做好记录，这样会对你的理财道路有很大的帮助。那你的老公看到你将家庭料理的井井有条，他也会乖乖地将收入如实上报。

生活中，很多年轻女孩子在看电视剧的时候，总是羡慕那些不用考虑金钱问题的女孩子，并且幻想有一天自己的生活是不是也能那么轻松惬意些。当被披上婚纱嫁给男人时，从一个女人变成一个家庭主妇的时候，理财变得迫切而且现实起来。

对于家庭主妇而言，将一个家庭的收入做出理财计划是个相当不错的办法，夫妻应该共同讨论计划中的很多细节。接下来对妻子来说或许会感到痛苦些，因为夫妻必须按照计划来花钱。妻子明明看到自己喜欢的衣服，可因为不在计划内而不能买下，如果妻子能够坚持下来，就会为家庭积累第一笔财富。当你尝到了提前做好理财计划给你家庭带来的好处后，夫妻间就会每月一起讨论该如何有效地提前做好理财计划。

当然，想要理财，若没有资本，一切皆属空谈。不论是月光族的你，还是等待老公发薪日的家庭主妇，或是在职场上冲锋陷阵的白领妙女，如何让现有的资本发挥最大的效力，这是最终的目的。首要的问题就是改变平时的消费习惯，合理地搭配日常开支。

1. 让消费物超所值

女人在面对消费时，美丽的女人会将大部分的资金投资在外貌，聪明的女人则将资金投资在内在的素养上。其实，女性应该开拓视野，正确对待闲散资金，将钱用在刀刃上。利用知识生财，利用金钱生钱，才是比较科学的理财方式。

2. 强迫储蓄，定期投资

在家庭中，每月都应采用“零存整取”、“定期定额”等方法进行储蓄与投资，这对于家庭理财来说是最佳的手段。因为你的部分资金会自动转到投资账户，几年后成效绝对令你满意。

对于家庭来说，妻子在管理家庭收支时，一定要计划好每个月的开销，为家庭计划好每月最小的固定储蓄金额，以备急用。无论哪个家庭最好拥有一笔固定的家庭储蓄。

家庭财务专家曾经提醒过，如果一个家庭能够节省全家收入的十分之一，那么即使遇上子女考大学或子女结婚的情况下，也过不了几年这个家庭就可以获得经济上的舒适。这笔储蓄基金还可拿来做特殊用途，譬如随着时代经济的迅速发展，家庭购车已日渐成为一种趋势，住房基金的改革，需要一笔巨大的开支。在目前瞬息万变的世界中，有时难免会遇到什么意想不到的事情发生，会急需一大笔资金。所以对每个家庭而言至少要存下 1 至 3 个月的收入，用于处理紧急事件，以免到时手忙脚乱。

虽然现在你和你的丈夫、孩子都平平安安，你的亲朋好友也都顺心安康，但一些意想不到的灾害难免有随时降临的可能。假如你将每个月的收入都用于开销，你就无法应付这些意外的紧急事件。所以，留有一定的活动资金以备应急对一个家庭来讲是十分重要的。

总之，作为妻子应该始终牢记一个原则，就是要保证家里每个成员都能满意，能应对各种意外的开销，并且还能存上一定数目的资金以保障将来。要知道，计划不是束缚，而是把钱有目地的用到应该用的地方去。

会理财持家的妻子，家庭会越过越好；不会理财的妻子，常常会因为经济上的问题发生争执。家庭财富是属于两个人的，如何处理，这需要夫妻商量着决定，尽量不要独断专行，避免引起家庭战争。尽量避免因你随心所欲的“自由化”消费，而给家庭带来“经济危机”。

婚恋悟语

现实生活中需要用到金钱的地方太多，现在用有限的金钱能买到的东西又越来越少，这就意味着在家庭中的女人必须学会理财，不能铺张浪费，做到勤俭持家。

合理开支，勤俭持家

对于现代的家庭来说，最重要的问题无非是经济问题。俗话说“钱是和气草”，没有钱的支撑，多少梦想、多少欢乐、多少幸福都只能在“望钱兴叹”中不了了之！

所谓“管家婆”也正是女人在管理好家庭财务方面，由新媳妇熬成了老太婆的过程。如今女人终于“中央集权”了，怎么管理好这个家、运用好手中的家庭财务权力，如何分配和管理好家庭财务，那就要看女人如何经营了。

女人天生就喜欢购物，很喜欢陶醉在花花绿绿的衣物之间；女人贪心，贪的总是把一摞一摞根本用不上的东西使劲往家里搬。据家庭理财专家在调查中说，90%的商业营销售都是针对女人消费的，如果没有了女人的消费，那么会有许多的商场不得已而关门大吉。

如果真正懂得消费的女人，在选择家庭消费购物上，会很理智很智慧的消费。在每次消费时，她总会根据自己家庭的需要，计划出消费的清单，控制不必要的开销，克制自己的消费欲望。

但是有的女人却盲目消费、随意消费，浪费掉大量金钱。给家庭造成了经济危机，给家庭的资金积累带来很大的隐患。针对这种消费习惯的女人，应该吸取教训。在以后消费购物的时候，可以先列一个计划清单或只带一点有限的钱在身上，以制约消费欲望。一个家庭的好妻子应当是一个家庭理财的专家或高手，控制自己的消费欲望则是成功理财的第一步。

根据家庭需要，女人应该把合理的消费提前预算并列出明细账来，为家庭量身制作新的收支计划。新的一年一开始，首先把这一年中的固定开销列支出来，诸如房租、食品费用、水电费、保险费、交通费等项目，然后再计划必要的开销，诸如置衣费、医药费、教育费、交通费、交际费等等，在列支项目时不要一个人说了算，要和爱人多商量，共同来执行。

女人如何依照家庭需求制作合理的预算，对家庭理财来说是很重要的一步。很多女人都知道，这不是件容易的事情，所以预算计划必须得到全家人的合作，才能得到合理的预算结果，同时还需要具备坚定的决心和严谨的自制力。女人一进入商场总是控制不住自己的消费欲望，看见每一件物品都是家庭所需要的，可是在买回家以后，却发现并不是很重要的，也不是必需的用品。所以，女人最好放弃这种消费行为，特别是避免购买一些昂贵的衣服、首饰、装饰品，而把节省下来的钱用来更换早已经老化的电视机或其他的电器。

虽然我们的生活条件比从前要富裕很多，但是也不能丢掉勤俭持家的传统习惯，它不仅是“传家之宝”，也是我们积累资金，为家庭获得更大投资资本，而积累原始资金的主要资金来源，也是我们改善家庭生活，提高生活质量的重要组成部分。

不少家庭过日子，只注意怎样增加收入，如何赚取更多的财富，却忽视了对家庭支出的管理，就是赚的再多，也会入不敷出，这就需要女人对家庭的日常开支做一个合理的规划。事实上细心的女人特别注意日常开支，这对家庭提高生活水平有着极其重要的作用。每一个家庭中的财政大臣都应该做到精打细算，不冤花一分钱。

其实每个家庭，就是一个小小的“独立核算单位”。家庭有收入，也有支出。俗话说：“由简入奢易，由奢入简难。”在今天，勤俭持家对于家庭消费经济效益的提高更具有重要意义。

另外，在现实的生活中，会有许多意想不到事情发生，这都是无法想象和避免的。例如：突然生病了、同事要结婚等等，这些无法预知的事情，是在做家庭计划时绝对想不到的。

许多家庭理财专家，都对年轻的家庭提出了警告：如果要应付紧急事件，不管物价如何上涨，只要每个月存下收入的十分之一就足以应对各种意外，用不了几年就可以获得经济上的富足。意外开支一般都是一些无法预料的事情，所以家庭中做一些预防的措施是很必要的，没有经济危机的家庭才是幸福的家庭。

其实女人想要做一个会理财的女人，让老公放心地将每月的薪资全部交给你，是很容易做到的。利用女人善于理财的天赋，合理地使用每一分钱。改变日常的消费习惯，然后将家里的闲散资金再做合理的投资，并有效地规避因投资带来的风险。但老公看着你规划日子，越过越红火的时候，心里还不乐开花啊！

婚恋悟语

管家的女人对家庭的支出一定要有计划，要学会科学、合理地使用资金，使有限的资金在你的手里发挥最大的效力，这也是为什么要学会理财最根本的原因。

提升自己，做好贤内助

结婚对于女人来说只是一个标志，并不代表从此一劳永逸，女人必须时刻注意提高自己的内涵和水平，来与你的优秀丈夫保持大致相当的水平，不要被你的丈夫落下太远，这样才能保证你们的爱情稳固和和谐。从而为自己幸福的人生打下基础。

当肯塔基州的海因斯夫妇在十四年前刚结婚的时候，海因斯夫人说："我很害怕和陌生人接触，我很害怕站在人群里参加公开的宴会，我不可救药地感到害羞。"

海因斯先生活跃在当地的政治社交圈，是个很有前途的律师。他时常需要和人们接触，参加各种会议、集会，以及社交活动和娱乐节目。而他的妻子雪莉·海因斯，却很害怕面对这些场面，她要怎么做才能克服自己对于人们的害怕、羞怯而达到丈夫地位的需要呢？

雪莉·海因斯下决心要克服自己的困难，她该怎么做呢？她心里也没底。直到有一天，她在杂志上看到了这些话："人类对于他们自己是最感兴趣的了。所以，在谈话中，你可以把注意力集中到别人身上，要多谈他自己、他的困扰、他的成功。把你的注意力集中在他人的身上，你就会忘记你自己的存在。"

这些话对雪莉·海因斯很有启发，她决定试试看，结果，她惊讶地发现，这个方法真的很有效。

海因斯太太说："渐渐地，我由于对别人发生兴趣而不再感到害怕。我发觉每个人都有自己的困扰和烦恼。当我更加了解他们以后，我就开始喜欢他们了。现在，我很希望认识新朋友，并和他们愉快相处。我喜欢在自己的家里招待朋友，也很愿意和我的丈夫到别的地方去。如今他已经是参议员了。"

无论丈夫的职业是什么，每一位妻子都有责任训练自己，提高自己，妻子如果有能力和旁人亲切相处，并且对社交有足够的应付能力，她就可以使丈夫成功的机会大大地增加。

不要以为你的丈夫现在做的只是毫不起眼、比较底层的工作，所以你就觉得无需你来帮他什么。这种想法是不合适的，要知道，凡事都有个过程，没有谁一开始就站上事业的顶峰，那些在工商界及其他领域的未来领导人物，在起步阶段也都是些毫无名气、没人知道的年轻人而已。你是否已经准备好如何应对十年、二十年或是三十年后你的丈夫已经成功的局面？或许到那时候他已经是个顶尖人物了也说不定。

如果你觉得自己有像雪莉·海因斯那样的羞怯，马上着手消除这些羞怯吧；如果你有点笨拙或是不够机警，你就应该学会喜欢、尊敬和欣赏别人；如果你觉得自己所知太少，就不该再躲在那句老掉牙的借口里："我从没有机会上大学"，你可以到夜校补习；如果你付不起学费，那就赶快到最近的一家图书馆去。

如果妻子因为赶不上丈夫前进的步伐，而被丈夫遗落在身后，那她并不是一个值得同情的人物。这种人通常不是太懒了，就是不肯用心利用好身边每个人的长处来改进自己。

一位成功的男人背后一定会站着一位伟大的女人，这句堪称至理名言的话语对于任何一个时代来说都是有现实意义的，成功的男人背后需要一个有不断进步的女人为他导航和鞭策，女人有时候也应追随着丈夫的脚步，不断地提高自己的素质，在事业的道路上共同前进。

婚恋悟语

每一个女人都有责任训练自己，以提高她帮助丈夫完成事业所需要的社交能力。这样，作为贤内助的女人才能更好地与自己的丈夫开创一片事业。

为老公缓解心理压力

社会的发展与变革，使人们的观点、态度和需求也随之发生了变化，在这个快节奏、高效率、充满竞争与挑战的社会中，人们常常会受到内外环境的强烈影响，出现情绪上波动和生理上变化，从而产生一系列的心理压力。

作为男人，尤为如此。他们要担负起家庭的主要经济来源，除了要忙于工作外，下班可能还要抓紧时间“充电”，为了建立良好的人际关系，一些应酬也是在所难免的。在外人的眼里，他们精明强干，收入不菲，但他们总能感觉到紧张、疲惫，心理压力大，甚至还会出现头晕、心慌、失眠等症状。因此，作为妻子，就不要每日里再唠唠叨叨，嫌丈夫这也不中用、那也不济事了，这只会使男人的心理压力更加繁重。

“我役有任何专长，每一方面都属于中间水准。有的比水准稍高，有的比水准稍低。譬如体能方面，我跑得不快，游泳也勉强；骑马比较内行，但是赛马的技术却很差。我的视力很差，射击往往落空。因此在体能方面，我只是泛泛之辈。在文艺方面，亦复如此。我这一生虽然写过不少东西，但是每一篇文章都得涂涂改改，苦不堪言。”这样的一个人在现实生活中，实在并不稀奇，但他究竟是谁呢？他就是连任四届美国总统的罗斯福。

就算是总统也不是十全十美的，也有许多不擅长的方面，更何况大多数平凡的男人呢？只要他对家庭有强烈的责任感，只要他善良、正直、勤勉、上进，为了家庭在默默付出，也就足够了。专家告诉我们，心理压力对身体的危害远远超出普通人的想象，作为一个女人，在日常生活中，一定要尽力帮助丈夫缓解心理压力。

1. 面对现实，不做完美主义的俘虏

大多数人尤其是男人都有一种积极的向上发展的欲望，做人、做事力求面面俱到，以最顺利、最完美的状态为标准，并希望永远保持这种完美状态。但现实却是残酷的，生活中、工作中事与愿违的事情不在少数。每个人对自己的要求都应该建立在现实的基础上，适时调整自己的生活目标，客观地评价事情、评价自己，在积极向上、努力进取的同时，保持一颗坦然面对成功与失败的平常心，才能使自己心情舒畅。所以，从某种意义上讲，“差不多”的原则还是可取的，这样会大大减少心理压力的产生。

2. 适时、适度宣泄不良情绪

宣泄法是一种将内心的压力排泄出去，以促使身心免受打击和破坏的方法，通过宣泄内心的郁闷、愤怒和悲痛，可以减轻或消除心理压力，避免引起精神崩溃，恢复心理平衡。“喜怒不形于色”不仅会加重不良情绪对自己的困扰，还会导致某些身心疾病。因此，对不良情绪的疏导与宣泄是调节心理压力的一种好办法。

但是，这种宣泄应该是合理的。迁怒于人，找“替罪羊”等方法都是不可取的。宣泄应是文明、高雅、富有人情味的交流。有人说：“一份快乐由两个人分享会变成两份快乐；一份痛苦由两个人分担就会减轻一半痛苦。”如果把自己的烦恼、痛苦埋藏在心里，只会加剧自己的苦恼，而如果把心中的忧愁、烦恼、痛苦、悲哀等向别人倾诉出来，即使他们无法替你解决，但是能得到大家的安慰，你的烦恼或痛苦也会得到缓解。对于男人来说，可能不会轻易将自己的烦恼、痛苦写在脸上，也不太擅长向人倾诉。因此，作为妻子，应积极引导丈夫将自己的不良情绪宣泄出来。

3. 转移自己的注意力

其原理是使大脑皮层产生一个新的兴奋中心，通过相互诱导、抵消或冲淡原来的优势兴奋中心（即原来的不良情绪中心）。比如：当与人发生争吵时，马上离开这个环境，去打球或看电视；当悲伤、忧愁情绪发生时，先避开某种对象，不去想或遗忘掉，可以消忧解愁；在余怒未消时，可以通过运动、娱乐、散步等活动，使紧张情绪松弛下来。总之，有意识地转移话题或做点别的事情来分散注意力，可使情绪得到缓解。

在生活中，压力无所不在，无论是谁，都应该多接触些令人愉快、使人欢笑的事物，避免和忘却一些不愉快的事，及时地、适当地通过情绪调节来缓解心理压力，为它找个出口，避免它给精神带来太重、太大的伤害。

婚恋悟语

成功的人毕竟是少数，平凡的人毕竟是多数，然而正所谓“平平淡淡才是真”，人生匆匆数十载，一定不要为自己和深爱的他无故施加太多的心理压力。

莫攀比，日子是过给自己的

这世间，有的人家财万贯、锦衣玉食；有的人仓无余粮、柜无盈币；有的人权倾一时，呼风唤雨；有的人抬轿推车、谨言慎行；有的人豪宅、香车、娇妻美妾；有的人丑妻、薄地、破棉衣……一样的生命不一样的生活，常让我们心中生出许多感慨。但是正如一首打油诗中所写：“他人骑大马，我独跨驴子，回顾担柴汉，心头轻些儿。”再说骑大马的感觉也并不一定就是你想象的那么好，也许跨着驴子，悠哉游哉，尚能领略一路风光，更感悠闲、自在。

话虽如此，然而看世间的人们，还是无时无刻不在攀比。生活中，有一些女人见别的女人拥有漂亮的容颜，便去美容院给自己整容修面；因为同事或者朋友穿了一件好看的外衣，便吵闹着让丈夫一定买回来；看见同事的老公送给的钻石戒指，就开始数落丈夫的无能……

有人说，女人的美是一道靓丽的风景线，如果没有女人之间的相互攀比，争奇斗艳，风景又怎会如此“靓丽”呢！纵然，攀比是人的一种共性。一个人有思维，必定有思想。看到人家好、人家强，凡夫俗子，哪个不心动？就算是僧人法师，也要三声“阿弥陀佛”，才能镇住自己的欲望和邪念。但是，聪明的女人都明白，生活的差别无处不在，无谓的攀比只会让人生的快乐和幸福大打折扣。

富兰克林曾经说过：“对于不知足的人，没有一把椅子坐着是舒服的。”在这个世界上，快乐是人们所共同追求的目标，一个把名缰利锁看得太重的人，注定是不快乐的。相反，如果能把名利得失置之度外，凡事都能以诚相待的人将是快乐的。我们应该从平淡的生活中去提炼、体会快乐，也就是说，我们应该适时学会知足，而不是事事攀比。

记得有部影片里的一个主人公，当有人问他“什么是幸福”时，他的回答很简单却又耐人寻味，“幸福就是当我饿了，别人手里拿着馒头，他就比我幸福；幸福就是我想去厕所，只有一个坑，有人用了，那个人就比我幸福；幸福就是……”我们每个人都有自己的世界观、人生观和价值观，对幸福的理解有好多种，但是，我们却不能一味地去追求理想中的所谓的幸福，而忽视了身边已有的小幸福。

Jenny 年轻漂亮，是一名联邦政府职员，过着稳定安逸的日子，按说也是令人艳羡的。可是，有一天，她接到一个高中同学打来的电话，邀请她参加同学聚会。十几年没有见面，Jenny 满怀重逢的喜悦前往聚会。谁知以前的老同学要么嫁入豪门，一身名牌，气质脱俗，要么事业有成，开着名车，住着豪宅。Jenny 心有不甘和抱怨，回到单位上班，好像变了一个人似的，整日里长吁短叹，遇人便倾诉心中的烦恼。

“那孩子，考试就没有及格过，长得也不是太出众，凭什么就能嫁入豪门？”她说。

“虽然我们的薪水一般，但是是经过自己劳动所得的，不也过得很好吗？”她老公安慰她说。

“很好？我们的工资攒一辈子也买不起一辆奔驰车。”Jenny心痛得跳了起来。

“我们这些坐办公室的，有钱也犯不着买车。”她的老公倒是看得很开。而Jenny却整天郁郁寡欢，后来竟患了抑郁症，竟然也不能去工作了。

俗话说：“人比人，气死人。”是的，人生失意无南北，宫殿里有悲哭，茅屋里有笑声。很多时候，我们都要学会退一步想一想，生活中原本有很多事情是不需要太在意的，过分在意的话，只能是自我折磨。

有人提出，我们总是混淆两个概念，一个是价值，一个是价格。一件事情有价值，也有价格。价值来自于内在系统，价格来自于社会系统。很多时候，价格和价值不总是对等的。贵的饭不一定好吃，有钱的男人不一定适合你，名牌的衣服不一定好看，关键是不是适合你的内心，你要清晰的知道，你想要什么价值。

生活中，每个人都会有不尽如人意的地方。我们不妨换个角度去看，你也许就会发现，你自己什么也不缺，你应该羡慕的人不是别人，正是你自己。女人要克服无谓的攀比，使自己的心态趋于稳定，使自己不为外物所役，从而获得真正的快乐和幸福。

尤其需要注意的是，爱攀比、好虚荣的女人实在会让男人觉得疲惫、避之不及。一个挣扎在妻子攀比和虚荣中的男人绝望地说：“也许我是应该好好考虑一下我们的婚姻了，我觉得我的忍耐力已经快到极限了。”是呀，一个女人如果总是横向地去跟别人相比较，心理恐怕永远都无法得到宁静，还会导致男人变得脆弱和自卑。所以要奉劝广大女性朋友一句，日子是过给自己的，而不是过给自己看的，无谓的攀比不仅不能使你得到想得到的一切，反而会使手心里的幸福也悄然流失，孰轻孰重，相信你已经有了自己的答案。

婚恋悟语

很多时候，我们都需要换一种思维模式去考量人生，别专拣自己的弱项、劣势去对比人家的强项、优势，比得自己一无是处，那样会很累。要把眼光放低一点，学会俯视，多往下比一比，生活就会会多一份快乐，多一份满足。

厨艺是保卫爱情的法宝

“要征服一个男人的心，首先要征服他的胃。”是的，掌握一手好厨艺，就像事业、家庭、爱情、美貌一样，与女人的生活息息相关，并且也十分重要。一个女人如果爱她的男人，爱这个家，就会乐于学习、研究烹饪，做出各种美味可口、营养丰富、搭配合理的饭菜。即使工作实在繁忙，也会抽时间施展自己的厨艺，为老公做几道可口的饭菜，满足老公的胃口。

Jennifer 学会了做饭，而且厨艺还很不错，看着老公吃着她亲手做的饭那副心花怒放的样子，Jennifer 就觉得有一种成就感和温馨的感觉。朋友们都开玩笑说：“Jennifer 都能变成一个美厨娘，这个世界上还有什么不可能的？”确实，Jennifer 从小到大没进过厨房，以前在家是老妈做饭，上学吃食堂，上班后一般都是男朋友做饭。结了婚以后，Jennifer 坚信老公能够成为一个每天回家就进厨房的“好男人”，可是不出半年，这个“好男人”就“罢工”了。于是 Jennifer 家里就“断炊”了，两个人先是方便面、罐头的对付，偶尔去外面吃，后来丈夫干脆就不回家吃饭了，不是和朋友一起就是回妈妈家里吃，气得 Jennifer 无可奈何。Jennifer妈妈知道这件事以后把她叫回了家，跟她长谈了一次。妈妈说：“你现在已经为人妻了，怎么还这么不懂事？不管到什么时候女人都应该是家里的主人、厨房的主人。否则的话，男人怎么能爱回家？回家以后能有家的感觉吗？你这样下去，我看你们的日子……”Jennifer根本没想过这些，没想到一个做饭的问题还如此严重，于是她下决心要学做饭。慢慢地她发现，原来做饭这件事根本就不难。虽然刚开始丈夫吃她做的饭会“龇牙咧嘴”，可是不出两个月，Jennifer的厨艺就已经完全达到了一个“家庭主妇”应该具备的水平了。现在，丈夫几乎很少再在外面吃饭了。

俗话说：“入得厅堂，下得厨房。”意思就是说，女人不仅要聪明、能干、优雅、识大体，也要会做一手好菜。一个能把下厨当情趣的女人，既是懂得体贴、懂得生活的女人，又是家庭的营养师。这样的女人都会很用心地去掌握一些营养知识，了解膳食的营养成分和合理的搭配常识，让心爱的老公吃出健康，吃出家的情趣。所以家庭餐又叫爱心餐，爱妻煲的汤，又叫爱心汤。

然而，现在的女孩子有很多都不会做饭，甚至几乎就没进过厨房，就如同这个故事里的Jennifer一样。Jennifer的妈妈说得好，女人，就应该是家里的主人，厨房的主人。一个不会下厨房做饭的女人是很难真正抓住男人的心的，这就是一个失败的女人。不管时代和社会怎样发展，男人女人的天然的“分工”都不会根本改变，既“男主外，女主内”，这是人类千万年来形成的一个社会规律。除此之外，女人一定要会做饭还有很多原因。

1. 会做饭是女人争取家庭地位最有力的保障

现在都在讲男女平等，但真要做到平等却并不单是一句口号这么简单，女人在家做饭是在用实际行动告诉你的丈夫：你在外面奔波很苦，我在家里操持也累啊！我们可以假想这样一个镜头：一个在公司里因为被老板整整骂了两个小时而晚回家的丈夫刚回到家门，如果你腰系围裙，手拿锅铲指着他的鼻子骂道：“死鬼，你上哪儿去了，等你回家吃饭呢！”或许他会说：“对不起，老婆，我……”而如果你穿着睡衣拿着电视遥控器指着他鼻子骂道：“死鬼，你上哪儿去了，等你回家做饭呢！”那么你猜他会作何感想作何反应？

2. 会做饭是女人兑现爱情承诺最直接的表现

通常一对男女在山盟海誓时男人都会对女人说：“我会努力让你幸福！”而女人通常会对男人说：“我会照顾你一辈子！”于是男人便开始忙碌起来，因为要让一个女人真正幸福起来可是需要很多资本的。但是女人该怎么办呢，最直接最现实的就是为你的男人做一顿可口的饭菜，如果你连饭都不会做，那你准备怎么照顾你的男人一辈子呢？你这不是为爱情开了一张空头支票吗？

3. 会做饭是女人抵抗第三者最有力的武器

会做饭，而且能做出一桌可口饭菜的女人通常都不是一个一般的女人，她可能会很感性，对男人的驾驭能力往往也很强，她可能是一个看起弱不禁风的女子，但如果她不幸遭遇了第三者的激烈挑战，那么她的柔情与智慧往往会同那桌可口的饭菜为她的家庭筑起一道密不透风的防护墙，捍卫她的领地，她的那个快要变心的他也将最终会被拉回到那桌可口的饭菜旁。

婚恋悟语

有人说：“一个不会做饭的女人，就不是一个完整的女人。”练就一手好厨艺，是女人拴住男人最简单的办法，也是保障家庭幸福的一件大事，万万忽视不得！

亲自为老公做一顿爱心早餐

想象一下，某个周末的早晨，老公还在美美地睡懒觉，老婆却已蹑手蹑脚地走进厨房；等老公睡眼惺忪地醒来，却发现老婆已经端着一盘爱心早餐出现他面前，他该是如何地感动……这恐怕也是很多偶像剧里经常会出现的场景吧！

原来，爱心早餐是可以起到制造浪漫气氛的作用的！

再则，男人多是大大咧咧的动物，他们对自己要求并不高，也很少关注自己的身体健康，几乎每天都是匆匆地起床，然后开始一整天的劳碌奔波，有时候甚至会忘记吃早餐。然而，你知道吗？不吃早餐的危害却是不容小觑的，比如，不吃早餐会造成低血糖，使人精神不振、反应迟钝；不吃早餐会严重影响记忆力，引起记忆力衰退；不吃早餐，中餐必然会因饥饿而大量进食，这会增加消化系统的负担，易诱发肠胃疾病，导致营养不良。

想必没有哪个贤惠的妻子希望自己的老公因为这么一点点小事，就患上这么多的疾病，况且只是早起一点点，不过是举手之劳。

对于工作很忙的他来说，吃好早餐，是干好工作的基本保证，是确保健康的前提。所谓“早餐要吃好”有其一定的道理。营养专家认为，早餐是一日三餐中最重要的一餐，每天吃一顿好的早餐，可使人长寿。早餐要吃好，是指早餐应该吃一些营养价值高、易消化、易吸收，纤维质高的食物。

一般情况下，理想的早餐要掌握三个要素：就餐时间、营养量和主副食平衡搭配。第一，起床后活动 30 分钟再吃早餐最为适宜，因为这时人的食欲最旺盛。第二，早餐不但要注意数量，而且还要讲究质量。清晨，当男人起床后，给他冲一杯牛奶、夹几片面包放在桌上，不仅可以让他健康无虞，还能让他感受到你在时时刻刻关心着他，一如既往地爱着他，让他的心灵对你有一种依赖的感觉，这是多么两全其美的一件事。

其实，生活中的点滴细节都能在不经意间中透露着爱意，体贴一个人，爱一个人，都在点点滴滴之中，有的时候，男人并不在意自己的妻子为他做精美的膳食，哪怕只是一盘普通的白菜萝卜，他也会觉得别有一番滋味在心头。因此，如果有时间，一定要亲手为他做上一顿营养丰富的早餐，让温暖和爱在你们之间流转。

婚恋悟语

有人说，最吸引男人的女人有两种，一种是狐狸精，另一种是田螺姑娘。狐狸精当然就是那种长得漂亮并且聪明乖巧的女人；而田螺姑娘则是指在家中任劳任怨的贤妻良母类型的女人。如果我们不是狐狸精，不如做好田螺姑娘吧。

营造温馨的家庭氛围

家是每个人生活和休息的空间。人的一生，除了工作之外，几乎都要在家这个环境中度过。家庭环境的好坏，直接影响人的心情。因此，聪明的女人一定会极力营造温馨、舒适、干净的家庭氛围，让忙碌了一天的男人，回到家就如同回到了温馨的港湾，让他所有的烦恼和疲惫立刻消失得无影无踪。

1. 保持家庭环境的清洁卫生

家庭的环境卫生，关系到家庭成员的身体健康，同时也关系到人的心情。所以，作为贤惠的妻子应当每天料理家庭卫生，使家庭环境永远保持清洁，让你爱的老公在一个舒适的环境中得到放松和休息。

Michelle自从嫁做人妻，有了新家后，就天天和地板打交道。清洗、打蜡，擦地板的辛苦经常让她直不起腰来。可是，一想到要给老公一个舒适的休息环境，让老公疲惫了一天的身体得以好好的休息，一个干净的地板还是需要的，蒙上灰尘看不见本来颜色的地板，只能使人更加的烦闷。

对于Michelle而言，最快乐的事情莫过于每天早上，擦地板时看着细微的灰尘在阳光下游来游去，看太阳的光线在地板上越拉越长，最后把洗好的擦地布搭在阳台上，想着老公回来的时候多给他一个惊喜。

缺乏浪漫细胞的老公总是忍不住对Michelle说："你擦的这么闪亮的地板，很适合你光着脚在上面跳舞。"Michelle每当听到老公这样说的时候，总是回以甜美的微笑。

女人在把自己收拾得光鲜亮丽的时候，也要注意把自己的家收拾得整洁一些，令人赏心悦目。要知道，即便是再邋遢的人，也喜欢干净和整洁，之所以邋遢，也许只是因为懒惰。如果你的老公是如许人也，那么也要试图适时"改造"他，让他一起参与到家务劳动中来，一起体会劳动的快乐。

2. 用温暖的色调布置卧室

人的一生有三分之一的时间是在卧室中度过的。卧室是夫妻休息的地方，也是相互增进情感的地方。对于卧室的布置绝对不能小视。

有这样一对新婚夫妻，在刚结婚的时候，为了追求一种个性美，体现新婚的喜庆感觉，便把卧室整体的格调变成了大红色，无论是灯光还是墙壁、家具还是摆件，刚开始看起来别有一番喜庆的感觉。可是结婚不到半年，便将卧室的格调换成了米黄色。原来两人晚上看着墙壁满眼红色竟无法安然入睡。

所以卧室的装饰，一般来说总体格调应该以温柔、幽雅为主，形成温暖、宁静、祥和与轻松的心理环境气氛。灯光也要采用暖色的白炽灯为佳，温暖的色调能够使卧室产生温暖柔和的气氛；在炎热的夏季可以用冷色灯光，以形成室内清凉的心理感觉。墙面采用中性色调，以衬托家具的色彩，地面可铺上富有沉静色调的地毯或木地板，显得柔美而和谐。

3. 给阳台点缀上绿色植物

阳台的空间虽只是家中小小一隅，但是经过细心的装扮，也能演绎出不同的风情。生活源于细节，而细节源于用心。绿色植物最能点缀出家的生气，若在阳台上放置一盆绿色植物，可让狭小的空间灵动起来，更与窗外的景致内外呼应，不失为一个简便易行的装饰方法。

在阳台上，看窗外的风和雨；看窗外的雪和云。假如拥有一个充满绿色的阳台，每天走上阳台，看到阳台上绿色的植物，心里就很宁静、平和。

有时候，一个小小的阳台，便可以看出一家人对生活的态度。像那堆砌着杂物，挂着衣服的家庭主人，要么是没有时间；要么是没心情打理；要么就是对生活失去了信心。将绿色的植物摆放在家里，家才会拥有生气。这是一份向往春天、向往绿色的心情，才会找到归属。在阳台配上简单的植物和藤椅，就是一个舒适、惬意的放松空间。接近大自然温暖的阳光和种种植物的丝丝绿色，营造了一个自然的生态空间，让人在寒冷的冬季也能感受到自然的味道和春天那种清新的感觉。

生活在现代社会，男人压力重重、身心俱惫，每天都要面对和处理各种繁杂的事务和矛盾。当他回到家里，渴望得到安详、和谐、舒适，温馨的家庭氛围无疑是必备条件之一。妻子的付出，他当然也不会视而不见，而是会深深感激，进而更加珍惜妻子，更加为了事业而奋斗。

婚恋悟语

和老公一起坐在阳台上，静静地倾听周围植物汁液流淌的声音，体味那份宁静的心情，是多么的惬意。

营造浪漫，为生活注入活力

俗话说，再好的机器要能够正常运转，也需要不断维护和更新，一个家庭也一样。哪怕你认为自己的家庭再怎么完美，也需要不断注入新的活力，不时创造一些浪漫和激情，这样才更具有旺盛的生命力。生活中如果缺少浪漫，就如一潭死水，没有丝毫的创意和心情，是一种生命的浪费。

当那些火热的恋人，走入婚姻的殿堂时，可谓一旦拥有，别无所求。但当彼此不再浪漫，生活趋于平淡，彼此的期望很高却达不到时，夫妻双方的满足程度必然下降，幸福的感觉也就减弱了。

在平淡如水的婚姻里，在沉闷若井的日子里，总有萎靡不振之日，审美疲劳之时，谁都不能保证在黑暗中不打个盹呢？这时，偶尔给身心疲惫的他制造一个小小的浪漫，给男人一个出乎意料地惊喜，常会起到感情“兴奋剂”的作用。

女人的浪漫，往往来自瞬间的冲动和兴奋，它的到来完全没有先兆。然而恰恰是这种不可捉摸的情绪，更让男人们为之心旌摇荡。

男人喜欢浪漫的女人。浪漫使得女人更加美丽可爱，当女人浪漫的时候，必然敏感娇柔，那种朦胧，那种热切，那种沉迷……在她的明眸中一览无余地展现时，对于男人来说，就是致命的诱惑。

一个善于营造浪漫的女人，同样也是一个懂得生活的女人。注重生活细节，从细微处着手，自然适时地营造一点浪漫气氛，不时有一点创意的“意外”，会让他体会到你的用心良苦和浓浓爱意。那么，如何在家中营造浪漫的气氛呢？让周围的环境迷人必不可少。

1. 灯光

可为卧室营造特别的气氛。如果夜晚的灯光还是一如既往，那今晚不妨换一盏细弱的柔光，它可以是粉红色，也可以是浅蓝色。而你就站在那抹柔光处，让他细细地打量你的身体，若明若暗的昏黄间，你的身体罩上了一缕久违的神秘。而他，也燃起了再度探索的欲望。当然有烛光也不错，这是传统的性感照明。

2. 床

柔软的感觉可以令女人情不自禁的柔媚起来，并让男人生出许多疼爱的心情。在床上或者沙发上多放些蓬蓬松松的被褥和枕头，再精心选择一款有丝般质感的床罩。在你轻轻一扯它就可以斜斜滑落的瞬间，温柔的欲望也在一点点升起来。

3. 音乐

不妨挑选两人喜爱的音乐来营造爱的气氛，将有助于让人更兴奋，也能为性爱带来高潮喔！

4. 香水

香味增加性欲，弥漫着香味的卧室，可促进做爱的气氛。香味蜡烛、香花、香水等，均可营造卧室的性感气氛，增强性的感觉。

纵观在我们的婚姻生活中，婚前的含情脉脉、柔情似水、温文尔雅、无微不至，变成了婚后的横眉冷对、剑拔弩张。婚前的卿卿我我、如胶似漆、甜言蜜语、朝思暮想、牵肠挂肚，变成了婚后日复一日、习以为常、全神贯注、目不转睛的看电视，热衷于热火朝天、废寝忘食、通宵达旦、乐此不疲的网聊、打游戏和夜不归宿的喝酒、打麻将，那么你不妨变换花样使家庭增添新鲜感，常常给男人带来惊喜，让他把家庭生活当作最快乐的时光、最美好的时光，让他一辈子都沉浸在家庭的幸福之中。不管走出多远，不管外面的风景多么美丽，不管外面的世界多么精彩，都会想着这个家，迷恋这个家，想尽一切办法回到这个家。

幸福美满的家庭大都会营造一种温馨、浪漫的家庭氛围，给家人安全、舒适、轻松、真实的氛围，所有的紧张和烦恼在这种氛围中都渐渐融化。所以，作为女人，不妨重新拣拾初恋的记忆，改变家的细节，给爱人营造一个甜蜜美妙的私密空间，让两人的爱情、梦想，以及回忆重新浪漫满屋。

一个聪明的女人会让家庭生活丰富多彩，生活中的乐趣并不仅限于金钱，只要能引发共同的美好回忆从而加深夫妻间情感的事，就是最好的调味剂。同时，不断了解对方和表达自己的精神需求，及时进行爱的滋润，才能使双方对生活和爱情怀着不熄的追求。

婚恋悟语

婚姻如水，离不开可又觉得平淡。因此，创造一点意外惊喜，对于增进夫妻双方感情很有好处。

第四章 家庭是情场，不是战场

两个恋人随着“婚礼进行曲”的优美旋律踏进婚姻的幸福大门，组建成一个新的家庭，然而不是每一对夫妻都能整日甜甜蜜蜜的，有时也难免会发生争吵和冲突。如果想要保持婚姻的稳定和幸福，就要明白，爱就是包容，爱就是忍耐，爱就是从淡而无味的平淡生活中，提炼幸福！切记不要把家庭变成战场！

多一些包容，少一些怨恨

恋爱中的女人像团火，被烧的稀里糊涂，昏头昏脑。等到踏进了婚姻的围城，火熄了，脑子清醒了，才发现种种的不如意，于是就生出许多忧虑、苦恼和不满。

男人太有本事，女人便总觉得对方的眼神不大对劲，语气不大对劲，态度也不大对劲，好像总没把自己放在眼里，担心什么时候把自己抛弃，另寻新欢。

男人没有本事，女人又觉得太窝囊、太平庸、太没用，连累自己也见人矮一截。

男人重事业轻家务，女人不满意，羡慕别人的男人买菜洗衣带孩子，什么家务活都干，会体贴人。

男人重家务轻事业，女人也不满意，眼热别人家的男人有作为有志气，女人出门也风光。

男人爱整洁，家里什么东西放在哪儿都有讲究，家具上有一点尘土就不高兴，女人会觉得约束太多受不了。

男人不修边幅，衣领总是油腻腻的，袜子总是臭烘烘的，早上不叠被子，晚上不洗脚，头发支棱八叉，东西乱扔乱丢，女人觉得这样的男人太邋遢。

男人话太多，女人会感到讨人嫌。男人话太少，女人又感到像榆木疙瘩太死板。

男人抽烟喝酒，女人觉得他不会过日子、花钱太多。男人不抽烟不喝酒，女人又觉得他没有派头，不会应酬，缺少男人味儿。

女人要挑男人的不是，处处都可以挑出毛病来，左看右看横看竖看，浑身上下都不顺眼。

因此，钱钟书先生说：婚姻像一座被围困的城堡，外面的人想进来，里面的人想出去。

一个家庭的幸福，需要夫妻双方共同努力经营，更要一个做妻子的有一颗宽容的心，拥有宽容之心的女人才能找到爱情幸福的真谛。

有人说，“结婚前应多看到对方的缺点，结婚后应多看到对方的优点。”这句话确实是一个忠告。夫妻双方的性格、爱好、生活习惯很难改变，对于对方的缺点要有一定的包容度，要懂得用欣赏的眼光去看对方的缺点，而不是斤斤计较，耿耿于怀，这样在今后的夫妻生活中便会感到前所未有的轻松。

塞勒斯虽已是一位三十来岁的男人，但仍然焕发着年轻人的那种潇洒、英俊。由于事业上的成功，在外面喜欢他的美女成群。但他却始终认为，还是自己的妻子是最好的。他经常在外应酬，很晚回家，可是再晚妻子也会等着他回来。妻子看着微醉的他总是关切地泡茶、递热毛巾，让他感到内疚；妻子始终保持对他的欣赏，妻子说他的身体才是她最在意的。

塞勒斯说：一个欣赏自己丈夫使丈夫充满内疚的妻子，是让人爱、让人心疼。妻子用欣赏的眼光对待老公，是调教老公的最高境界。如果相反，他的妻子对他破口大骂，他就会感到自尊受损，不再被欣赏、被爱了，他反而心安理得地在外，给了自己彻夜不归的理由。

聪明的女人在结婚前会两只眼睛都睁着，结婚后就闭上一只眼睛，保持和气的心态，也就是说对丈夫尽量的宽容一点，妻子包容自己的男人是因为爱。

夫妻之间要相互体贴并善于体贴。在清晨或就寝之前，夫妻坐下来交流一下思想，交换一下意见，比如家庭计划、困难、分歧甚至误会及其他生活问题，尽管这些事情只是生活琐事，但是一旦这种交流思想和交换意见的习惯逐步建立起来，婚后生活中发生的摩擦和紧张就会轻易地缓和下来。

当然，夫妻的恩爱，是建立在双方愿意平等地承担义务之上的，这才是亲密关系的坚强核心。婚后生活的矛盾是夫妻双方造成的。两人发生意见分歧时，你要主动承担责任和义务，而不要过分地要求对方改变观点、习惯，因为唯一能改变的就是你自己，可笑的是许多人总想用自己的意志去改变对方，不时强加给对方一些所谓的新情趣和新思想，殊不知这些做法往往事与愿违。既然你选择了对方，就应该让对方保持自己的个性，发挥自己的特长。

婚恋悟语

如果你的丈夫是一个值得你爱的人，那么你就学会包容他吧，包括他的优点和缺点，此时你会发现，生活是如此幸福和多彩。

宽容是通往幸福的坦途

宽容是人类应该具有的一种品德修养，它源于勇敢、善良的心，它是溶解矛盾的一剂良药。拥有宽容之心的女人，才能真正理解生命所赋予的博爱精神，才能找到通往幸福之路的捷径。

拥有宽容之心的女人，豁达大度、笑对人生。她会拥有一种恬淡、安静的心态，她去做自己应该做的事情。对于一些闲言碎语、磕磕碰碰的琐事从不感到郁闷、恼火、生气，更不会去找别人倾诉，她认为为了琐事与别人辩解再变本加厉地去报复他人，是贻误自己人生与事业的最大错误，她不想失去更多美好的东西，更不想把自己的宝贵时间浪费在这种小事情上。

有时，一些女人喜欢计较很多东西，对事对人太认真、太聪明、太苛刻了，实际上这些事情并不一定很重要，这个世界上有许多事情是无法去计较的，一切算得明明白白，只会像红楼梦里的王熙凤，“机关算尽，太聪明，反误了卿卿性命。”要修炼大肚佛“大肚能容，容天容地，于己何所不容；开口便笑，笑古笑今，凡事付之一笑。”大肚佛的境界。宽容他人，也是宽容自己的表现。给人面子，既无损自己的体面，又能使人产生感激和敬重之情。

宽容不同于软弱，处处宽容别人，绝不是代表软弱，绝不是面对现实的无可奈何。宽容也不是一路绿灯，它是有条件的，会因人、因事、因时、因地而异，对于故意挑拨是非、两面三刀、落井下石的小人，对违法乱纪、不知道悔改的恶人是不能讲宽容的。要做到“大事讲原则，小事讲风格”。有这样一则故事：

有一位在山中修行的智者，一天趁着月色到林中散步，在皎洁的月光中他看见一个小偷潜进了他的茅屋。找不到任何东西的小偷在门口和智者不期而遇。小偷的手上搭着一件智者的外衣，大概是不想空手而归吧。小偷不知所措，智者微笑着说：“你走了这么远的山路来看我，总不能让你空手而归吧？夜凉了，你带这件衣服走吧！”说着亲手把那件衣服披在小偷的身上。

小偷手足无措，低着头，灰溜溜地走了。

智者看着小偷的背影穿过明亮的月光，消失在山林之中，不禁感慨道：“可怜的人啊，但愿我能送他一轮明月。”

第二天清晨，智者起身打坐，看到昨天他披在小偷身上的衣服放在了他的房门口，叠得整整齐齐。智者脸上露出了微笑：“我终于送了他一轮明月！”

这位智者所表现出来的慈悲宽容之心，令人感慨。宽容的心可以感化小偷的灵魂，那还有什么不可以化解的呢？如果我们的生活中多一些宽容之心，那么就可以化开很多不必要的烦恼。

所以，懂得幸福真谛的女人都善于用她宽容的心去包容别人，有时甚至将自己心灵的明灯去照亮别人。就像那位智者，他在宽容别人的时候并没有想到要得到什么，可是他却从宽容别人、点醒别人中得到了宁静平和的心态，他的心里已经一片沉静，相信没有什么能够让他的生活一片混乱的了。

同样，面对工作中的种种混乱，女人也要具有一种宽容豁达之心。是我的便是我的，别人抢也抢不去，不是我的也不用去强求。这样的心态会让你不再斤斤计较工作中的得与失，不会再纠缠于上司的刁钻、同事的陷害，而专心于自己应该做的事情。有什么东西能够比事实更能证明一些事情呢？你做得好，自然会有人看见，自然就会有人称赞，何必让暂时的困扰把自己的心情打乱呢？宽容一点，就是给自己打开了一条宽广的道路。

而在面对家庭和感情的时候，更需要宽容之心。因为自己的爱人是和自己最亲近的人，最亲近的人都不能去宽恕他，那你的宽容之心用到哪里去了呢？世界上的爱有千万种，可以是风花雪月，山盟海誓；也可以是轰轰烈烈，死去活来。但是一段感情过了初期的狂热之后总是要归于平静，生活中的种种不和谐也就会相应产生。这时，忍让的爱，宽容的爱就显得十分珍贵了。以爱的方式善待对方的缺点，用包容的胸怀宽恕自己的爱人，给他一个悔悟的机会，留一个自省的空间，于无声中加深感情的积淀，即使不是传奇式的爱情也会变得永恒，再平淡的婚姻也会令人流连。

同时，还要学会宽容自己。很多女人都有“遇事想不开”的心理倾向。其实人生最可怕的就是一辈子背着心灵的包袱前行了，一辈子不断地用自己的过错来惩罚自己，不断地责备自己。可是，这样的折磨已经是毫无用处了的，事情已经发生，无可挽回，何不抛开包袱，重新拥抱生活呢？再说你的痛苦也会影响周围的人，你的亲人、爱人也会因你的痛苦而受到心灵上的炙烤！因此，懂得宽容的女人，才能真正地懂得生活的智慧，找到一条通往幸福之路的捷径。

婚恋悟语

有一句话说得好：“宽恕别人是对自己最好的解放。”如果总是把别人的过错和自己的失败存在心里，那么时日一久，心灵就会被重负压得喘不过气来，更别说享受生活的乐趣了。

不当婚姻的附属品

婚姻是两个人的事情，需要两个人共同来维系和经营，这一点是毋庸置疑的。在婚姻中，夫妻双方要学会忍让、宽容、理解和磨合，毕竟两个人是完全不同完全独立的两个个体，要组成一个新的整体，共同建立和维系一份婚姻是相当不容易的事，所以，这一点也无可厚非而且很有必要。但是，这个前提是两人同步，即夫妻双方两人共同努力。如果双方中只有一人要退让、要宽容、要迁就，那么，这一方必然就要做出很大的牺牲，放弃自我，甚至是戴上不同于自己真实面目的“假面具”。那么，这份婚姻也难以结出真正的幸福果实。

Linda和Garcia在别人看来是一对令人羡慕的“模范夫妻”，结婚三年以来两人从来没有吵过架，简直是天生一对，珠联璧合。特别是Linda，这个刚刚二十九岁的女孩通情达理，不但把一切家务都打理得井井有条，而且对老公更是照顾得无微不至。可是，在Linda的心里，她的不如意和委屈又有谁能知道呢？Garcia是家里的独子，加上他家的各方面条件都比较优越，所以从小就任性独断，性格很固执。而Linda是个很传统的女孩子，懂得站在别人的角度去思考问题，总是能为大局着想。

结婚以后，Linda努力地扮演着一个好妻子的角色。Garcia爱喝酒，经常喝得酩酊大醉从外面回来。虽然Linda最讨厌满身酒气的人，但还是极尽一个好妻子的本分，从来都不过分干涉老公的人际交往和应酬；Garcia开的公司在这次“金融危机”中遭遇了前所未有的低谷，甚至随时都有资金链断裂的危险。他经常愁眉苦脸、唉声叹气，甚至有一次居然孩子般地哭了出来。Linda当然不愿意看到自己的老公不够坚强、不够气魄，但还是哄着劝着地鼓励Garcia；Linda在生理周期到来的那几天里是最怕遇凉水的，可是Garcia每次都满不在乎地把换下来的衣服袜子扔给她，她只有忍着小腹的阵阵疼痛戴着胶皮手套洗衣服。Linda也曾和Garcia谈过她的想法，委婉地说过Garcia的一些缺点和毛病，可每次Garcia都是怒目以对。Linda想，婚姻就是这个样子的，忍一忍，就都会好起来的。

该怎样评价Linda这个女孩呢？这样的女孩子在现代社会里应该不多，也必须要承认她是个好女孩，但是她的婚姻观显然是有缺陷的，也是不可取的。因为爱人Garcia的自私和任性，也为了顾及婚姻的幸福和体面，她把所有的不如意都自己背负了下来，一次次地迁就和退让，使得Garcia已经习以为常了。表面上看起来他们的婚姻风平浪静，可事实是，Linda戴上了一副自己不喜欢的假面具，用自己的幸福换来了他们两个人婚姻的表面幸福。

婚姻是生活的一个重要的组成部分，但它绝对不是生活的全部。独立于婚姻之外，每个人都有追求自我、实现自我的愿望和权利。如果在婚姻中一味地违背自己的意愿，一厢情愿地迁就和退让，那么必然就会牺牲“自我”的意识和权利，使自己沦为婚姻的附属品。这样的人生，还何谈幸福呢？所以，要想让自己的婚姻和睦、幸福，就必须要双方平等礼让，相敬如宾，以真面目、真心灵相待，这才是幸福婚姻的经营之道。

婚恋悟语

无论是在婚姻内还是婚姻外，活出真实，活出自我，才是一个人生命的最深层的本质。戴着“假面具”生活，不只累，更会失去很多原本属于你的东西，比如自由，比如幸福。

爱是一种给予，而非索取

有这么一对年轻恋人，总在争论应该谁先对谁好。女的说：“你得先对我好，我才对你好！你不对我好，就甭想我对你好！”男的也不服气：“凭什么要我先对你好？”

即使是在热恋中，他们谁也不愿主动为对方多做点事情。女的觉得那样做了，她就降低了身份，成了男人的奴仆；男的也觉得不该去伺候女的，那样他的“大男子”身份就受到了贬损。

直至婚后，他们之间极端的“男权”与“女权”的战争不仅从未停息，反而愈演愈烈。在家务事中谁也不能心甘情愿多做一些，为此时常爆发争吵。

悲剧终于发生。男人与另外一个女人相识并相爱，在这个女人完全奉献的关爱下，男人感悟到了“爱情就是互为奴仆”的伟大哲理，全身心地对这个女人奉献。而他原先的婚姻也终于解体。在此之前，他的妻子竟心甘情愿放下“女权主义”的自尊，来全心挽回这份婚姻，但丈夫那边却已是“爱到尽头，覆水难收”了。

这个案例告诉女人，爱是不能单向去索取的。你不能斤斤计较，男人给了你多少，再视情况给他多少“爱”。聪明的女人应该是个调配爱情的高手，怀着浓烈的爱心，不求索取地去体贴自己的男人，反而容易激起他对你更大的回报。

John 和 Helen 是大学同学，那时他们的教室门对门，他俩上课都坐第一排。John 无意间看到坐在对面教室里的 Helen，觉得这个姑娘很可爱。暗恋半年之后，John 终于在上大课的时候因为帮 Helen 占座而搭上了话，之后他们恋爱了。

当时，John 的同学都劝他别和 Helen 在一起，因为 Helen 的听觉有障碍，口齿不清。但 John 没觉得这是个问题。

后来，John 不幸感染了一种传染性强且难以治愈的疾病。为了照顾他，妈妈和女友 Helen 也相继被感染，病愈后他们又全都被查出股骨头坏死。之后，John 的妈妈和丈夫离了婚，两个孩子和她相依为命。

之后的一年，John 接受股骨头置换手术后，在床上一躺就是三年。那段时间是与世隔绝的，他看不到未来，无法自由活动，甚至整整一年都没洗过澡。

因为担心儿子的病情和将来，John 的妈妈得了抑郁症，精神几乎崩溃。

有一年春节前的一天，Helen 和妈妈去采购年货，John 一个人躺在家里，这时换防盗门的工人来了，没有办法，他就在地上爬着去开了门。妈妈回来后看到装好的防盗门，一家三口抱头痛哭。

Helen 也想过要放弃，但是她记得他们刚在一起时，自己很自卑，她去医院看耳神经，医生讲的话她听不见。医生问她有没有家人，她说都在外地，赶不过来；医生问她有没有男朋友，她说有，就打电话给 John。John 从学校打车赶到医院。在那之后半年，Helen 才知道医生对他说："她年纪越大听力也会越差，也许老了就彻底听不见了。你要当她的拐杖……" Helen 说："现在你腿不能动，该我做你的拐杖了。"

爱是无私的，爱是纯挚的。爱生命、爱生活、爱他人……爱更多的是给予，而不是索取。泰戈尔说过："采摘花瓣的人得不到花的美丽"，花不是不美丽，而是摘花者不懂爱的真谛。比花儿美丽的是爱，花儿的美丽是大自然天然的给予，爱的花朵是人用心灵浇灌而成的精灵！还有这样一个故事：

一个公司的 CEO，是一个非常成功的人。有一天，他的妻子出了车祸，成了一个植物人。他就不再工作，天天陪伴、照顾自己的妻子。董事长对他的行为表示不解，找他谈话，说可以找最好的保姆替他照顾妻子，费用由公司出，前提是他回公司复职。CEO 表示反对，董事长说：“她现在已经是一个植物人，什么都不知道了，就算你天天照顾她，她也不知道你是谁，一个保姆和你的照顾是没有分别的。”但CEO说了一句：“当她不知道我是谁的时候，我要知道她是谁。”

爱是一种责任，爱是一种奉献，爱更是一门艺术。女人如果不懂这门艺术，就会在爱里迷失。很多时候，爱的付出体都现在一些小事上，费力不大，却影响不小，可令男人为之深深感动并时刻念着你的好，换来更为深挚的爱。

婚恋悟语

女人的真正的爱是给予，而不是索取。当我们给予对方爱时，爱就在不断增值；相反，当我们向对方索取时，爱就在慢慢枯竭。

批评是对男人最大的打击

在人们的心目中男人是坚强、勇敢、不屈的化身，即使遭受打击，也要咬着牙撑过难关。但是又有多少人知道男人有多少委屈、苦水、泪水在心里流淌。男人所承受的这一切酸苦压力，如果没有了老婆的支持、如果不是为了家里的妻子儿女，这一切都失去了意义，男人也会如飘在空中的大气球，随时都有破裂的危险。

在社会上原本很有作为的男人，在事业上飞黄腾达、前途无量，但是家中的老婆却不让他省心，经常数落自己的老公为了工作不照顾这个家，心里没有她这个老婆，怀疑老公在外面和别的女人鬼混等等，这些冷水泼到老公的头上，就等于将他打入十八层地狱，要是超生可就难了。

相对的，只要男人有心上进，不管出身多卑微，不管创业的条件有多差，或者前途充满了密密麻麻的荆棘和障碍，只要他心爱的女人付出十分地鼓励和支持，他必然能令许多人大跌眼镜、刮目相看，打拼出属于自己的一番天地，同时也给自己的女人带来了前所未有的幸福。

因此，可以说女人的幸福就掌握在女人自己手里。然而，就有很多的女人不明白其中的道理，硬往男人热诚的心里泼冷水，这样的举动不但有可能毁掉男人的雄心壮志，甚至还有可能毁掉彼此之间的感情。

有人说，女人的嘴简直就是一把刀子，总是将那些充满浪漫色彩的梦想刺破。根据调查，50%以上的婚姻之所以得不到幸福，最关键的原因之一就是那些毫无建设性和令人心碎的批评。因为，即使世界上最刚强的男人，也承受不了自己老婆那无情的批评和指责。

婚前，两人都是各自手里的一块宝贝，并小心翼翼地捧在手里，呵护备至；婚后，真正的生活在一起，每天面对不一样的问题考验，才会发现浪漫的色彩不再回来，开始因为一件小事而发生冲突。

因为老公进卧室没有关掉客厅里的壁灯，你可以和他冷战三天不说话；因为挤牙膏的方式不同，而你又要求你的老公按照你的要求做，竟然小吵了三天，甚至连祖宗八代都翻出来骂，互相批评，愈吵愈凶；为了老公做的饭菜不合你的口味，咸了、淡了、太酸，你便大发脾气，说他不关心你，竟而摔盘子，摔碗筷，最后弄得左邻右舍都来劝架。

其实，婚姻最怕受的伤害之一就是无谓的批评。生活中的很多小事，都被女人嘴里叼着的放大镜给放大了百倍千倍，这种吵架比美国选举时的恶意攻击有过之而无不及。

一对恋人经过热恋后走进了婚姻的殿堂，这位妻子脾气有点大，爱发脾气，因为芝麻大点的小事，都能成为争吵的理由。垃圾不倒是理由；开门时用力大了点，将门撞到了墙上是理由；吃饭发出声音更是理由……因为两人相知甚深，妻子在争吵的时候，便毫无顾忌地指责老公："你看你真的没用，开门的时候，就不能用力小点，你看把门给磕的，说过你多少次了，你哪次听了，嫁给你真是倒霉。"指责的力度越来越大。就这样在不知不觉的争吵中度过了几年，她家的生活没有出现任何的转机。只是夫妻俩在一起谈话的次数越来越少，他们不再争吵，也不再说话。这样的婚姻就如同一塘死水，失去了婚姻中该有的一切。

生活中，老公经常会听到妻子这样的责备声：“这辈子我嫁给你算是倒大霉了，你真是没出息，什么也干不了！”“你从来就没有考虑过我的感受，你只顾你自己，你这人真的太自私了。”“我的命怎么就这么苦啊，嫁给你这个窝囊废。”……这都是妻子经常说的。

而哲学博士约翰·葛特曼认为：“轻蔑会加快婚姻的崩溃。”当妻子从心里看不起自己的老公，不顾忌老公的感受，说出一些很伤害老公自尊心的言语，那爱也就走到尽头了。

在有些女人的眼里，男人是容易冲动，行事莽撞的高级动物，如果不泼一点冷水，就会发生危险，这样也是为他好。然而，西方一位哲人说过：“方法不对的善意，等于恶意的伤害。”往男人的心上泼冷水只会使唾手可得的幸福消失在刹那间，留给自己的只是无法磨灭的记忆。聪明贤良的妻子可以把自己当成男人的方向盘，用沟通和开导的方式，让男人的火热引擎，载你驶向幸福的彼岸，而不是往引擎里泼冷水。因此，如果你想要自己的男人能够在事业上成功，就千万别干泼冷水这种傻事。

所以说，关于婚姻不幸的原因，其元凶之一就是那些毫无建设性、令人心碎的批评。因此，不管在任何情况下，都不要做恶意的攻击，无建设性的批评。男人的心再坚强也是肉做的，不要用比刀子还利的嘴来伤害他，一旦男人的心灵受到伤害，日后再努力也是无法挽救的。

婚恋悟语

男人的成功与否在很大程度上取决于自己心爱的女人。女人毁掉男人或塑造成功男人的关键，那就在于女人无条件信任和对老公的支持力度，这是成正比的关系。

停止唠叨是得到男人喜欢的第一步

有人说，婚姻会让一个大声说一句话都会脸红的女孩变成一个喋喋不休的女人。更有不少男人觉得，女人的小鸟依人只会在婚前出现，婚后的女人更像是个严谨而挑剔的老师。甚至连很多无伤大雅的小错误，她都会悔之不倦地督促，比如，地板没有拖干净，用了马桶忘了冲洗等等，都可能招来半天的“训话”，于是，惹不起，那就躲呗！

很多男人在结了婚以后，有时候宁可和几个朋友在马路边尘土飞扬的小食摊上就着花生米喝啤酒，也不愿意回家享用妻子为他们准备的丰盛菜肴。这并不是因为他们的味蕾对美味麻木了，而是妻子的唠叨总会不绝于耳：昨晚没回家吃饭，跟谁一起吃饭了，男的还是女的，发短信怎么不回，打电话怎么不接；孩子的功课你也不说管一管，难道孩子是我一个人的吗；这个月的奖金又少了几百块，你就不求上进吧……这可能会比足球解说员一场比赛介绍五次出场队员还要让人心烦。于是男人便逃避着，图个耳根清净。

其实，女人爱唠叨，可能是天性使然，但最大的原因还是女人在结婚后，由乖乖女的角色转变成了妻子、妈妈、家庭主妇的角色。于是，天真烂漫少了很多，无忧无虑少了很多，多出来的是对家庭的责任和义务，是操持家务的劳苦，是柴米油盐酱醋茶的繁琐，是生活种种的混乱。因此，生活中的话题难免也就是细微的、琐碎的。身为妻子，最好的倾诉对象就是丈夫，因此，丈夫也要适时理解和包容女人的唠叨。

唠叨对于女人来说也并非完全是一件坏事，它可以是一种发泄途径，通过这种发泄途径，女人的怨气、怒气和不满也许会得到适当的缓解。但是，一个女人，无论如何也不能成为丈夫和孩子眼中的“唠叨婆”，对于无用的唠叨，该停止时则停止。有位哲人说过这样一句话：“一个女人，她可能拥有全天下最美丽的容貌，但是如果她脾气暴躁、唠叨、挑剔，那么，她美丽的容貌便约等于零。”是的，只有停止唠叨的女人才是丈夫眼中可爱而美丽的女人，是孩子眼中温柔而可亲的妈妈。

那么，女人应如何管好自己的嘴呢？不要多次重复同一句话；如果你必须多次提醒你的家人时，请选择多样化的方式；尽量采用温和的方式去吩咐别人，因为温和的方式比重复的唠叨更有实际效用；保持良好的心情，有了好心情，你就不会再把目光集中在那些无聊小事上了；处理事情时，要遵守“大事化小，小事化了”的原则，一件小事不停地提起，只会遭致厌烦或会让家人觉得你无理取闹；时刻保持冷静的头脑，尤其是在与你的丈夫发生不愉快时，千万不要唠叨和埋怨个不停，这样只会火上浇油，让事情发展到不可收拾的地步。

最后，当你想唠叨时，不妨做个深呼吸，然后改变一下谈话的方式，先肯定对方，这种态度有助于抑制你的唠叨，使自己变得随和一些。然后进行一下换位思考，如果你的丈夫整日在你耳旁唠叨，你是否也会心烦呢？

婚恋悟语

一个唠叨的女人对整个家庭来说就如同一个挥之不去的阴影，停止无用的唠叨，给彼此留下呼吸的空间，生活会更愉快、幸福一些！

与其抱怨，不如尝试改变

抱怨是最笨的办法，因为任何抱怨，不但不能使自己的心情得到改善，而且还会使心中长存怨恨、不满，往往得不偿失。因此，与其抱怨生活，抱怨别人，不如改变自己的看法。

Donna 在一开始的婚姻生活中一直忍受着丈夫的冷漠和轻视。但她从不和他争吵，更不抱怨，也没有因为丈夫恋上别人、坚持与她离婚而心生怨恨。她无怨无尤地接受了命运的安排，但认真努力地改变后来的人生。

离婚 5 年之后，她脱胎换骨，先是拿下哈佛商学院工商管理博士。先留校任教授，后又担任一家妇女储蓄银行副总裁，并经营一家服装公司。她为自己活出了崭新的风貌，使自己的人生更上一层楼。

抱怨是人性中的一种自我防卫反应，要完全断绝的确很难。如果你觉得自己根本无法做到停止抱怨，那么至少应该在抱怨的时候提醒自己，这个抱怨只是暂时的宣泄，可做心灵的麻醉剂，但绝不是心灵的解救方。一个真正超越红尘琐碎的女人，第一要达到的境界就是停止抱怨。面对一切误解、攻击、诋毁、赞誉、褒奖，都应能做到以开放的心态坦然承受。

停止抱怨看起来几乎不可能，其实大家也明白，这原本是每个人都做得到的简单事儿。如果女人能做到完全不抱怨，平和担起自己的责任，那么她的人生境界就非常不简单了。习惯抱怨的女人在抱怨之后，非但不轻松，心情往往更糟。

常言说，放下就是快乐，应该也包括放下抱怨，因为它是心里最重的东西，也是最无价值的东西、最让人不快乐的东西。

人们之所以倾心于那些乐观的人，是倾心他们表现出的超然与举重若轻。生活需要的信心、勇气和信仰，乐观的人都具备。他们在自己获益的同时，又感染着别人。

人们和乐观、豁达、坚韧、沉着的人交往，会觉得困难从来不是生活的障碍，而是勇气的陪衬。和乐观的女人在一起，自己也得到了乐观。如果女人对她们的痛苦或难题通过借口或责怪别人来发泄的话，就使得自己弱小了，就放弃了自己的能力；对待环境或境况的精力也减少了，因为她们的精力放在了其他地方。

抱怨使女人的消极情绪合理化，好像什么都是别人的错，或者是环境的原因。这种消极心态会排斥快乐和健康。从现在起，停止抱怨吧，凡事要对事不对人，面对未来，不纠缠过去，要以激励为导向，愿意承担责任。那种找借口、找原因、找理由、埋怨、责怪及我是受害者的态度都会阻止你迈向快乐幸福之路。

尽管不抱怨的女人是没有的，但没有技术含量的抱怨，会被人视为唠叨，会被人当成“耳旁风”。因此，最好还是学会不找借口、不抱怨、不责怪，要发现问题的根源，积极解决问题，这才是聪明女人的作风！

婚恋悟语

抱怨给生活增加了许多不必要的东西。通常，抱怨不但不能解决问题，还会使问题恶化。如果抱怨上了瘾，不但被别人讨厌，也让自己整天不耐烦。

克制自己，不争口角的上风

生活中，在与爱人发生口角时，你的大脑是否仿佛存在一个数据库，只要和对方有关的人，无论是父母朋友，还是同事邻居，一律“杀无赦”？为的只是争得一个口角的上风。心理学家为我们分析，从某种意义上来说，口角是夫妻之间交换意见、彼此沟通的一种补充形式，它能表达平常沟通中没有表达出来的意见，把彼此潜意识中的思想、态度反映出来，有助于加深夫妻之间的了解和认识。此外，口角还有抒发各自胸中的郁闷，释放心理压力的作用。但是，无论如何都不能为了争得口角的上风，而在吵架时牵扯出一大堆陈年旧事，更不能牵涉无辜，否则战场将无限度扩大，非但没有解决好原本的问题，还衍生出了一大堆新的问题。

心理学家建议，在“开战”前30秒，先问自己三个问题：究竟是什么在让你生气？这件事情是否很糟糕，需要通过吵架来解决？吵架能解决问题吗？在回答完这三个问题后，你会发现，有些事情根本不值得争吵，争口角的上风更是没有任何意义！

但是，很多事情都是知易行难。事实上，夫妻之间因兴趣、爱好、价值观念、性格、气质等因素的差异，在思想和行为上出现诸多不协调，进而产生冲突，发生口角，都是在所难免的。重要的是，掌握一些相应的方法与技巧。

Taylor是有名的“妻管严”，但在外边却总会装出一副大男子主义的神态。一天，Taylor带着儿子散步，遇见了邻居，于是开始了一番闲聊。

Taylor：在公司里我是“头”。

邻居：那在家里呢？

Taylor：我当然也是“头”。

这番对话被儿子听明白了，一回家到，就把爸爸给“出卖”了：“妈妈，爸爸刚才对邻居叔叔说，他是公司里的‘头’，也是家里的‘头’。”

妻子的脸色即刻“晴转阴”，冷冷地问Taylor：“你是家里的‘头’，那么你把我放到哪里去了？”

“你是脖子。”Taylor面带笑容地说。

“为什么？”妻子问。

Taylor郑重其事地说：“你想啊，头想转动的话，不还得听从脖子的吗？”

短短的几句委婉的话，既自圆了“我是家里的‘头’”的说法，又承认了妻子是家中的最高权威。难怪妻子噗嗤一笑脸色“阴转晴”了。

其次，学会幽默。幽默可以展现一个人的豁达品格和宽广胸怀，不仅如此，它还是缓解夫妻之间口角与冲突，防止矛盾激化的一种妙法。

据说，古希腊伟大的哲学家苏格拉底十分“惧内”。有一次，他正在跟客人谈话，夫人突然闯进来指着他破口大骂，并将一桶水浇到了他的头上。苏格拉底没有愤怒，而是微笑着对客人说：“你看，我早就知道，响雷之后必有阵雨。”

适时的幽默不仅避免了一场争吵，同时也帮助苏格拉底摆脱了尴尬。

有位丈夫大男子主义非常严重，一天，他对妻子说：“这个家我说了算，你要听我的。”妻子问：“为什么呢？难道上帝赋予你这个权利了吗？”丈夫说：“我管他什么权利不权利，反正你得听我的。俗话说，男子汉大丈夫，大丈夫的话不听，你听谁的呢？”妻子说：“好吧，我们意见一致时，我听你的；意见不一致时，你听我的。”其夫听后，不禁笑了起来。他们就在这笑声中结束了争辩。无疑，丈夫的大男子主义也在这笑声中“土崩瓦解”了。

事实上，夫妻之间发生口角时以幽默的态度相对，有不少好处：可避免将口角引向不可收拾的境地；可以使对方转怒为乐，消除敌对情绪；如果夫妻争辩的语言幽默风趣，那么争辩就一定会出现和谐、融洽的气氛。如果在幽默后再辅以道歉、安慰，或亲昵的举动，夫妻之间则可以很快和好如初。

再次，不触及敏感点。夫妻之间发生口角时，许多人都喜欢择痛处打，找敏感点击，以求占得上风。比如，丈夫耻笑身材圆滚滚的妻子：“也不照照镜子看看你现在成了什么样，跟你一起走路我都脸红！”这种争吵的方式其实是很残酷的，双方都要力戒。因为每个人都有自尊心，损害对方的自尊心是极度让人难以忍受的事情。俗话说：“树怕剥皮，人怕伤心。”在与爱人发生口角时，切忌为了逞一时口舌之快而用敏感的话来刺痛对方。

总而言之，家庭生活中，口角的上风争不得，逞一时口舌之快更是没有必要！但愿每一对夫妻都能将这个简单的道理谨记于心，付诸行动。

婚恋悟语

夫妻争吵时的语言如果过于直露，就会伤害到彼此之间的感情。因此，在有争议的事情上一定要克制自己，学会婉转含蓄地进行交流。

暴躁是毁坏幸福的导火索

一个女人脾气暴躁的最直接表现就是非常容易愤怒。愤怒是一种很常见的情绪，特别是年轻女孩。她们往往三两句话不对，或为了一点小事情就大发雷霆，最终造成十分严重的后果。

其实，愤怒是一种很正常的情绪，它本身不是什么问题，但如何表达愤怒则是问题。有效地表达愤怒会提高我们的自尊感，使我们在自己的生存受到威胁的时候能勇敢地战斗。

脾气暴躁、经常发火，不仅是诱发心脏病的致病因素，而且会增加患其他病的可能性，这是一种典型的慢性自杀。因此，为了确保自己的身心健康，必须学会控制自己，克服爱发脾气的坏毛病。

能否有效地抑制生气和不好的情绪，使自己更融于他人呢？这主要在于自己的修养和来自亲人及朋友的帮助与劝慰。实验证明：在行为方式有所改善的人中，死亡率和心脏病复发率会大大下降。为了控制和减少发火的次数和强度，必须对自己进行意识控制。当愤愤不已的情绪即将爆发时，要用意识控制自己，提醒自己应当保持理性，还可进行自我暗示："别发火，发火会伤身体。"有涵养的女人一般能控制住自己。同时，及时了解自己的情绪，还可向他人求得帮助，使自己遇事能够有效地克制愤怒。只要有决心和信心，再加上他人对你的支持、配合与监督，你的目标一定会达到。

失去理智时的冲动，常常造成长久的悔恨；而长久的憎恨，又常常会使人失去奋斗的激情。因此，要记得：冲动是魔鬼，是阻碍幸福的绊脚石。

吉布林和他舅舅打了维尔蒙有史以来最有名的一场官司。

吉布林娶了一个维尔蒙的女子，在布拉陀布造了一所漂亮的房子，准备在那儿安度余生。他的舅舅比提·巴里斯特成了他最好的朋友，他们俩一起工作，一起游戏。

后来，吉布林从巴里斯特那里买了一块地，事先商量好巴里斯特可以每季度在那块地上割草。一天，巴里斯特发现吉布林在那片草地上开出一个花园，这样他就无法得到预想的一车干草了，他生起气来，暴跳如雷。吉布林也反唇相讥，弄得维尔蒙绿山上乌云笼罩。

几天后，吉布林骑自行车出去玩时，被巴里斯特的马车撞在地上，一时气恼告了官。巴里斯特被抓了起来。接下去是一场很热闹的官司，结果使吉布林带着妻子永远离开了美丽的家。而这一切，只不过为了一件很小的事——一车干草。

每一个成功的人都是能够控制自己情绪的高手，他们不会被自己的情绪所左右，所以，成功也更容易被他们得到。

如果你是个不易控制情绪的人，不如在事情发生并引发你的情绪时，赶快离开现场，让情绪稳定了再回来；如果没有地方可暂时“躲避”，那就深呼吸，不要说话，这一招对克制生气特别有效。

同时，寻找你生气的原因也是必不可少的。情绪陷入低潮时，我们会不自觉地压抑情绪，有时还会迁怒于他人。生某个人的气时，我们真正气的可能是自己。很多情况下当你一直受困于某种负面情绪时，就必须改变想法，想想造成你不良情绪的是否有其他原因，而不要只是一味地钻牛角尖。

只要找到原因，就会有办法处理情绪。当找到悲伤的情绪时，怒气就会慢慢消失，你也会变得宽容了。因此，作为女人有了宽容心之后，你就能变得更开朗、更体谅别人。心情恢复平静后，负面情绪也就烟消云散了。

爱发脾气的人常常说：“我过去经常发火，自从得了心脏病，我认识到以前那些激怒我的理由，根本不值得大动肝火。”请不要等到患上心脏病才想到要克服爱发脾气的毛病，从今天开始修身养性不是更好吗？

能够自我控制是人与动物的最大区别之一。脾气虽与生俱来，但可以调控。多学习，用知识武装头脑，是调节脾气的最佳途径。知识丰富了，修养提高了，法纪观念增强了，脾气这匹烈马就会被紧紧牵住，无法脱缰招惹是非。甚至刚刚露头，即被“后果不良”的意识所制约，最终把上蹿的脾气压下，把不良后果消灭在萌芽状态。

一位哲人如是说：“谁自诩为脾气暴躁，谁便承认了自己是一名言行粗野、不计后果者，亦是一名没有学识、缺乏修养之人。”细细品味，煞是有理，“腹有诗书气自华”。愿我们都能远离暴躁脾气，做一个有风度、有修养的人。

婚恋悟语

脾气暴躁是人类较为卑劣的天性之一，火气甚大，容易引起愤怒和烦扰，这些都是导致发生不幸的导火索。

避免无端的猜疑

女人的感情是纤细的，在社会交往的过程中，它所产生的负面效应便是过分敏感和无端猜疑，以致无事生非、小题大做。最直观的表现就是对别人的一言一行都很敏感，喜欢分析深藏的动机和目的，看到别人悄悄议论就疑心是否在说自己的坏话，一点风吹草动就疑心他人是否有不良企图。

英国思想家培根曾说过：“猜疑之心如蝙蝠，它总是在黄昏中起飞。这种心情是迷陷人的，又是乱人心智的。它能使你陷入迷惘，混淆敌友，从而破坏你的事业。”是的，好猜疑的人往往只是根据自己的主观臆断毫无逻辑地去推测、怀疑别人的言行，这势必会使他们作茧自缚，陷入无限的烦恼之中，当然了，结果还会导致自己的人际关系紧张，失去他人的信任。

晋升职称时，M 和 F 同是业务骨干，资历也相同，各方面都不相上下，但名额有限，结果是 F 上而 M 下。这时 M 想起两天前曾看见 F 在主任办公室里嘀嘀咕咕，见她进来便不说了，以此断定是 F 从中做了手脚。想到此，M 怒火中烧，从此与 F 形同路人。这样的例子数不胜数。

女性之间相处，要多点友谊的情分，少一些功利性，在尊重别人的同时正视自己。与人为善是克服敏感和猜疑的一剂良药，也是人与人之间友好相处的基点。在日常交往中，如果你常常善意地去理解她人并将此表达出来，那么，你就会赢得同伴的信赖，久而久之，同伴们也会把你当做知心朋友，当你遇到难题的时候，她们也会热心相助。

此外，毫无根据的猜疑还是婚姻的大敌，它使人自寻烦恼，甚至可导致双方感情破裂。猜疑一般总是以某一假想目标为出发点进行封闭性思考，它带着强烈的主观色彩。婚姻不是一个人的事，它需要两个人共同经营，这样日子才会越过越精彩。

Martin 和 Nancy 结婚半年多了，双方感情一直十分融洽。可是正当生活之舟顺利驶向彼岸的时候，却突然触到了“猜疑”的暗礁。

那天，Nancy 下班正好路过一家电影院，见门口一对男女青年正在交谈，随即双双进了电影院。Nancy 简直不敢相信自己的眼睛，因为那个男的正是 Martin。

在回家的路上，Nancy 思绪烦乱，她想起了自己和 Martin 结婚半年多来，有几次约 Martin 看电影，Martin 都吞吞吐吐地拒绝了。这个同 Martin 一起看电影的女人看来还和他挺熟！她又气又恼，痛恨 Martin 欺骗了自己。

晚上 Martin 回家后，见 Nancy 脸拉得老长，便问她究竟出了什么事？Nancy 没好气地说：“你自己知道！”还骂 Martin“不要脸”。Martin 被骂得莫名其妙。

其实，和 Martin 一起看电影的那个女青年，是 Martin 一个要好同事的新婚妻子。那天，Martin 的同事因紧急加班，不能同妻子一起去看电影，为了不使妻子在电影院门口久等，他就请 Martin 代为通知。Martin 和她本来就相识，她见多了一张票，就问 Martin 想不想看，Martin 就大方地接受了。这本来是同事朋友间正常的交往，可是 Nancy 却想歪了，不但冤枉了 Martin，而且还伤害了彼此之间的感情。

人在猜疑的时候，容易为封闭性思路所支配，这时，自己的冷静克制绝对必要。要多设想几个对立面，只要有一个对立面突破了封闭性思路的循环圈，你的理智就可以及时得到召唤。冷静分析以后，仍然难以解除猜疑，那就应该及时同恋人交换意见，当然方式方法要注意。就拿 Nancy 来说，可以心平气和地问 Martin：我看见你去看电影了，电影怎么样？Martin 一听当然知道是怎么回事了，他就会主动地把情况向 Nancy 解释清楚，误会也就解除了。如果那个女青年的确是“第三者”，他的神情肯定会表现异常，言语也会有悖逻辑，那时，再问缘由，更合乎情理。有了猜疑却长期闷在心里，就像 Nancy 那样，自己越想越气，丈夫却感到莫名其妙，结果既解决不了问题，还可能使矛盾进一步扩大甚至会恶化，于人于己都不利。

一些女人在婚姻生活中常产生猜疑心，一个重要的原因就是思维方法上主观臆断的色彩太浓，无根据地加强心理上的消极自我暗示。解决猜疑心的方法很简单，那就是多和对方交流思想，交心才能知心。人们常说：“长相知，才能不相疑；不相疑，才能长相守。”

婚恋悟语

夫妻在婚姻生活中，只有做到襟怀坦白，开诚布公，才能相互信任。有了这个牢固的基础，主观色彩很浓的猜疑心自然会烟消云散了。

不要总把“离婚”挂嘴边

吵架拌嘴是发生在恋人，尤其是夫妻之间的再正常不过的事，一辈子从未脸红过的夫妻是极其罕见的。夫妻双方常年生活在一起，吵架无法避免，然而，处理问题的方式不同，结局也会大不相同。有的夫妻就事论事，吵过之后次日如常，不存在什么隔夜仇；而有的夫妻则会上纲上线，动不动就拿“离婚”威胁对方，这么说一次两次也许尚可理解和获得原谅，但是，说多了必然很伤对方的心，说不定哪一天就变成了现实。因此，无论在怎样愤怒的情况下，都应该努力克制自己，不要总把“离婚”挂嘴边！

然而，生活中的很多行为，会破坏掉婚姻的幸福感和安全感，无情的语言攻击以及动不动就提出分手、离婚等行为便是其中最为危险的一种。想必很多人提出离婚都只是一时气话而已，然而需要明白的是，心里不想离婚，却拿离婚来发泄自己的情绪，或威胁、恐吓对方，是消极的、幼稚的，更是不明智的。曾有这样一位女性，她整日里将“离婚”挂在嘴边，所以，她和丈夫的感情跌宕起伏，轰轰烈烈。但是吵来吵去，却一直没有分开。开始时，她说分手，他还紧张地哄她。次数多了，他也习惯了她的这个假动作，也不当回事了。她再说离婚，他感觉就像一个笑话。

其实，婚姻中的任何一方都应注意不要用“离婚”这个词去伤害对方，破坏夫妻关系。因为当你把离婚挂在嘴边时，它的潜台词就是：这日子没法过下去了，你不适合我，你真的很差劲等等。这不仅会挫伤对方的自尊心和自信心，也会给对方造成无形的压力。如果你依然我行我素，总是将“离婚”挂在嘴边，那么离真正离婚的日子也许也不远了。我们来看这样一个小案例：

这天下班后，Lisa的闺中好友Betty给Lisa打来电话，呜咽着告诉Lisa她离婚了。Lisa惊讶之余，却又觉得此事实乃意料之中。因为，据Lisa了解，Betty自结婚这几年以来，每有口角，就叫嚷着要离婚。作为好朋友，Lisa不止一次地劝Betty不要意气用事，不要总是将离婚挂在嘴边，说多了会伤感情的，但她依旧我行我素。

这一次，和往常一样，Betty和先生因为一点鸡毛蒜皮的小事开始了争吵。当愤怒的Betty大叫着："这日子过不下去了，咱们离婚吧！"她的先生没有迟疑，一把拉住她，说："离就离，这么多年，我也受够你了！"其实，在Betty的心里，她是不愿意离婚的，一方面她还深爱着自己的先生，另一方面，她也深知，离婚给女人带来的除了伤痛就是悲哀。但是，倔强的Betty从始至终就是没有说一句妥协的话，因为这么多年，她从来也没有扮演过这个角色。原本以为自己可以很坚强，但是，当两个人真的离了，两个人背向而行，想起领到结婚证那一刹那的激动和承诺，想起过往的朝朝暮暮，她突然泪如泉涌、濒临崩溃，于是向Lisa发起了求助。但是，离都离了，Lisa再多宽慰的话也显得苍白无力……

将"离婚"挂在嘴边，对感情的不良影响是显而易见的，更多的时候，它会成为两个人感情走向破裂的助推剂。因此再次奉劝婚姻中不理智的人们，婚姻非同儿戏，想聚就聚，想散就散，更多的时候，它意味着一种责任，一旦无怨无悔地步入了婚姻的殿堂，就应好好经营和珍惜眼前的幸福，不可轻易地对婚姻失去信心，不可轻言放弃。

很多事情都是想象比现实美好，恋爱、婚姻也是如此，因此，当现实没有按照事先勾勒好的蓝图发展时，也不要太过于沮丧，放宽自己的心态，站在对方的立场和角度多替对方想一想，也许问题就可以瞬间消解。总而言之，生活中的磕磕绊绊、吵吵闹闹、坎坎坷坷都是难以避免的，只要对方没有犯下过什么原则性的错误，就不要随随便便地说离开，不要轻易地就对曾经暗暗憧憬过无数遍的美好婚姻失去信心。换句话说，既然走到一起，就要尽量抱定相伴一生、白头偕老的爱情决心。

最后，我们建议那些目前尚未走进婚姻的男男女女们，在结婚之前一定要冷静地思考几个问题：你为什么要走进婚姻？你希望婚姻能带给你些什么？改变些什么？你有充足的心理准备去面对日后婚姻有可能出现的种种问题吗？如果你能想清楚这些问题，在选择婚姻时就不会那么盲目、轻率，在走进了婚姻的殿堂以后，也就不会随随便便说“离婚”。

婚恋悟语

一纸结婚证，不仅仅是法律的程序，更是一种同甘共苦、相濡以沫、不离不弃的承诺。而正是这种承诺，让相爱的双方感觉到温暖、幸福、踏实和安全。

吵架也要讲原则

据美国学者的一项最新研究发现，夫妻争吵并不是一无是处，在吵吵闹闹中释放出不良情绪对健康有好处，那些长期压抑怒火的、“有修养”的夫妻比那些爱“火拼”的夫妻死亡率更高。

研究人员对 192 对夫妻进行了长达 17 年的跟踪调查，并通过问卷调查方式来确定这些夫妻之间如何对配偶做出的、令其感到不公平的行为作出反应。研究旨在分析压抑愤怒以及在婚姻中长期积累怨恨对夫妻死亡率会产生怎样的影响。同时，研究人员在评估过程中也会参考受访夫妻的年龄、体重、血压，以及是否吸烟、是否有支气管和心血管问题等因素。

研究结果显示，在受访的192对夫妻中，26对夫妻有矛盾时双方都压抑自己的怒火，其余166对夫妻中至少一方表达出自己的愤怒。17年后，双方均压抑怒火的夫妻比那些又吵又闹的夫妻的死亡率高出近5倍。这一结果也印证了此前已有的研究结果：长期压抑愤怒会增加患心脏病和高血压等与精神压力有关的疾病的几率。虽然研究人员并不提倡夫妻吵架，但建议人们要善于疏导自己的不良情绪，积极解决矛盾，长期积累怨恨对健康十分不利。

综合来看，有些夫妻越吵越没有感情，最终两败俱伤，甚至分道扬镳；但也有些夫妻却可以在吵架中磨合理解，越吵越亲密。同样是争吵，为什么结果却会如此之不同呢？这就需要掌握一定的吵架的技巧，促使彼此之间的感情日渐升温。那么所谓的技巧又是什么呢？

1. 当心“边际状态”

所谓的“边际状态”是指争吵拌嘴允许的最大激烈程度，一旦超越了这一界限就有可能导致一些比较大的问题的出现。下列一些表现可以视为边际状态：当争执处于胶着状态、胜负难分的时候，一方突然停止争吵，开始自顾自地清理物品，打点行装，这意味着他（她）要长期避开对方，离家出走；摔东西，尤其是破坏彼此或对方有重要纪念意义和心爱的东西，这意味着恩断义绝，心灰意冷；冷笑不语，显露出轻蔑鄙视和不堪与语的表情，这意味着对对方人品、学问等重大缺陷的发现，可能导致夫妻关系的深度恶化；突然不再理睬对方，坐下来写信，这意味着一个重大决定已经形成，可能会有意想不到的后果出现。一旦发现上述情况，另一方应立即停止争吵，看清事态的严重性，积极进行处理。其实，这时也正是化解矛盾、消除冲突的最好机会，如果理智的一方能大度地让步，给对方以真诚的道歉和安慰，局面就可能得以挽回。

2. 就事论事，不伤及无辜

心理学家指出，夫妻双方在吵架时绝对不要引出一大堆陈年旧事，更不要连带打击对方的家人、朋友等，否则战场将无限扩大。心理学家建议，在开战前30秒，先问自己三个问题：究竟是什么在让你生气？这件事情是否很糟糕，需要通过吵架来解决？吵架能解决问题吗？在回答完这三个问题后，你可能会豁然发现，有些事情根本不值得争吵。

3. 不要互相揭短

社会心理学家认为，人与人交往时，都有一种心理防卫机制，无意识中时刻遵循着“自我价值保护原则”，生怕别人伤害了自己的自尊心。因此夫妻双方在发生口角时一定要注意尽量不伤害对方的自尊心。

4. 以退为进，从控诉到沟通

“糖衣炮弹”有时比“枪林弹雨”来得更有效果，因为男人通常是吃软不吃硬的。吵架的最高境界在于，既不指着他的鼻子作河东狮吼状，也不恶狠狠地跟他约法三章，而是“以柔克刚”。

Ketty打算在参加同学聚会时，将丈夫介绍给自己的高中同学，但丈夫足足迟到了一个小时，而且只打了一个招呼便匆匆离开了。等到聚会散场，Ketty强忍着的怒火再也无法抑制，她开始指责丈夫：“你总是这样目中无人！你知不知道迟到是一种很不礼貌的行为？”丈夫：“你知不知道我近来有多忙，能来就是给你面子了……”

其实，在遇到这种情况时，与其怒不可遏地指责丈夫对自己的朋友太不礼貌，还不如平心静气地对他晓之以理。比如可以这样说：“你只是招呼一声就匆匆离开，真的很可惜，因为本来有很多关于你的话题要跟大家谈的。”这样，就会为你们之间进一步的沟通打下良好的基础。

车尔尼雪夫斯基曾说：“爱一个人意味着什么呢？这意味着为他（她）的幸福而高兴，为使他（她）能够更幸福而去做所需要的一切，并从这当中得到快乐。”夫妻之间本没有那么多的是是非非，互相体谅，互相关怀就好。如若争吵，也须其中的技巧，使争吵沿着正确的轨道发展，互争互服，从而永葆爱情的春天。

婚恋悟语

俗话说："勺子没有不碰锅沿的。"是的，现实生活中，夫妻之间也没有不吵架拌嘴的，有些时候，幸福的婚姻不是不吵架，而是懂得用别样的方式消除误解，化解不和谐。

第五章 伤什么也不能伤男人的面子，善待他的亲人和朋友

对于女人来说，如果学会了给男人留足面子，那无异于给自己的婚姻生活锦上添花。事实上，给不给老公留面子，是一个女人成熟不成熟的标志，也是成为好妻子的一门必修课。

男人的面子很重要

男人的面子问题可小瞧不得，每个男人都希望被“尊重”，或活得有“尊严”。换句话说，任何人都不希望自尊心受损，都不喜欢受人羞辱，更何况是在老婆的面前失去尊严和面子呢！男人有时将面子视为比自己生命还重要的东西，宁可承受很大的物质损失，也绝不能丢面子。在老公朋友的面前为他留点面子，他也会因为感激而对你加倍呵护加倍关爱的。

那么男人为什么如此爱面子呢？其实这也是情理之中的，首先，男人要在外面打拼，要给外人留下一个“堂堂男子汉”的印象，所以很多时候他比女人更重视自己的形象，更在意别人对自己的看法。其次，我们每个人都希望在人前能够得到充分的尊重，任何人都不希望自尊心受损，都不喜欢被人看轻。当然，我们也不能否认，很多男人所谓的面子其实不过是虚伪的自尊在作祟。如果明以是非，可能是根本站不住脚的，不过是“死要面子活受罪”罢了。但无论如何，面子问题仍然是婚姻生活中的禁区，倘若妻子处理不当，往往会惹得老公恼羞成怒，导致夫妻关系紧张，严重的还会闹到离婚的地步。

男人能给自己的女人渴求的安全感，他认为保护自己爱的女人是天经地义的，女人更应该顺从，他希望自己有男子汉的气派、有责任感、有尊严，他十分在意做男人应有的“面子”。女人懂得给老公适当的“尊重”或“面子”，可说是现实社会中两性关系相处之道并达成和谐与否的一个踏脚石。

男人所做的一切，几乎都是为了这个面子。男人拼命地赚钱；男人拼命地往上爬；男人进出于高档场所；男人打扮得衣冠楚楚，目的不过是为了活得更高人一等，活得更有面子。男人说为了女人，为了孩子，他会付出一切，而且显出很悲壮的样子。其实女人和孩子的面子就是男人的面子。

一位先生因为单位装修需要购进空调，便给一位经销商打电话询问空调的功能，恰遇这位商家有事不在家，是他妻子接的电话，她在听筒中说："当然，对于空调，我丈夫是个真正的行家，如果您愿意让我安排，我可以让他去您的单位看一看，他可以向您推荐最适合您的空调。"毫无疑问，当那位经销商前往该单位勘察的时候，一定很成功地谈成一笔业务。

每个人都有自己的缺点，但是，男人的错误只会阻碍了前程，而女人的错误，则会影响家庭和社会上的成功，甚至连同男人的事业也一起毁掉。每个男人被认为有所成就，是个能做一番事业的人，大都是他的妻子告诉人们的。可是，在当今并非每一个妻子都能够心怀爱意地在与别人交谈时赞美自己的丈夫，反而常常不厌其烦地把自己对丈夫的不满如数家珍宝地抖漏出来，不给他们留一点点面子。

某女士的丈夫是个州政府文职人员，于是，某女士便成天在别人面前念叨丈夫：弄了一屋子的书，能当吃还是能当喝？根本不会修电视，却偏抱本书冒充内行，结果把电视越修越糟。好不容易下厨房做顿饭，却又把鸡蛋炒糊了，令人难以下咽。某女士把丈夫的缺点和不足暴露无遗，结果，她的丈夫在众人眼里也留下了不好的形象。

人都有一种倾向，就是依照外界所强加给他的性格去生活。我们在生活中也常常会看到这样的事：对一个小孩子说他很笨拙，他就会变得比以前更加迟钝；如果赞美他有礼貌，他就会对你"叔叔"、"阿姨"叫得更甜。成人也是一样，假如像他已经成功那样对待他，那么在无意间，他就会表现出超常的能力。因此，给自己的丈夫面子，是对丈夫的一种激励，这比直接"教训"的言语，更能推动他满怀激情地尽力去把事情做好。反之，如果像某女士那样一味暴露、责备、指责，只会使男人的意志更加消沉，更加自卑，更加无地自容，更加不思进取，并最终一事无成。

不妨回忆一下，你是否也曾经有过类似这样的行为：当你在众人面前“大义灭亲”，大揭老公的底细时，你有没有顾及过老公的感受？当你不经意间对表现平平的老公流露出不满时，你有没有注意过老公失落的眼神？再回想一下，你已经有多久不曾称赞过自己的老公了？而那些真正懂得拴紧老公心的女人，却十分懂得在恰当的时候、恰当的地点为老公挣足面子，极力去维护老公的尊严，通过各种“花言巧语”和“技术手段”激励老公扬帆破浪。

其实，给爱人留面子，就是给爱留“面子”，它会让一个女人变得更温柔、体贴，也会让一个男人活得更潇洒、有气度，更会让婚姻多一分美满，少一些遗憾！

婚恋悟语

面子，是维护男人做人的尊严。在女人面前，男人潜意识里有一种“大男子”主义，他希望自己强而有力，顶天立地，为心爱的女人遮风挡雨。作为女人，不知道去维护男人的尊严，哪怕你付出再多，也很难收获美满的结局。

朋友面前给足他面子

俗话说：“人活一张脸，树活一张皮。”生活中的每个人都是极爱面子的，男人甚然。男人很多时候都会比女人更重视自己的形象，更在意别人的看法。对于夫妻双方而言，女人如果学会了给男人留足面子，那无异于给自己的婚姻锦上添花。

罗斯女士和丈夫结婚多年，感情一直不错，其中很重要的一条就是因为她很注意给足他“面子”。比如说零用钱方面，虽然他们并不是那种富裕家庭，可是每个月发了工资，除去家里必要的开支，罗斯女士都会给丈夫的钱包里塞上足够的零花钱，她不愿看着一个大男人为了钱犯愁，也不愿他因为钱紧而偷偷存私房钱。她喜欢他舒舒服服地享受生活，也愿意看着他慷慨大方地呼朋唤友，享受独属于男人的那点乐趣。

事实证明她这么做是对的，丈夫并没有因为她的大方而乱花钱，倒是常常想办法省点钱出来，或是送她一份礼物，或是给家里添点什么。他对妻子宽松的“财政政策”充满了感激与感动，常对妻子说他的很多男同事每个月的零花钱少得可怜，被老婆管得死死的，所以都很羡慕他找了个懂得体贴男人的老婆，他自己也觉得很有面子。一起生活的这些年里，他们当然也有争执吵架的时候，但即使吵架，罗斯女士也有个原则，那就是绝不当着外人吵。

有一次因为一件工作上的事情，他们吵得很厉害，谁也不肯让步。正在僵持中，门铃忽然响了，是丈夫的一位朋友来串门。罗斯女士尽量地让自己平和了下来，很热情地欢迎对方进来，之后又忙着端茶倒水，并且主动和丈夫说话，那位朋友始终不知道他们之前争吵过。送走了那位朋友，丈夫感动地抱住她说：“谢谢你，老婆。”那个晚上的危机就这样悄然化解了。

还有一次，丈夫去参加同学聚会。分别多年难免话多酒多，看他一直没回来，罗斯女士有点担心，于是给他发了一条短信：“亲爱的，早点回家，我在等你!”没想到快十二点了，丈夫还是没回来，罗斯女士有点生气，本想打个电话问问，但转念一想别搅了他聚会的兴致，于是就安静地等待着。不一会儿，丈夫回来了，借着醉意，他说：“今晚同学们都羡慕死我了，谢谢老婆给足了我面子。”

原来，他们那晚本打算玩个通宵的，一开始大家都特别开心，谈东谈西好像又回到了从前，不知不觉十一点了，同学们的妻子一个接一个打电话催促回家，一时间电话铃声此起彼伏，大家顿时没了喝酒的兴致，甚至有几个妻子都在电话那头开口骂人了，弄的大家都很尴尬，最后只剩下罗斯女士没有打电话搅局了。于是有人提议，十二点前，罗斯女士不打电话就散席。结果，十二点过了，罗斯女士既没有打电话催促，也没有发短信，让他顿觉在同学面前光彩了许多，大家纷纷羡慕不已。那晚回家以后，他重复说了好几次："谢谢老婆给足我面子。"

这个案例中的罗斯女士显然深谙夫妻相处和如何经营婚姻之道，懂得要如何照顾自己丈夫的面子。事实上就是这样，男人最要面子，这是一句老话，却也很有道理。男人虽然看起来粗枝大叶，但其实他的内心并不像外表那么坚强，他要在外面打拼，所以很多时候他比女人更重视自己的形象，更在意别人的看法。对于婚姻里的男女来说，女人如果学会了给男人留面子，就会让自己的婚姻锦上添花。

如果一天回家，你突然看到丈夫领来了一帮"不速之客"，买了好多烟酒肉菜，搞得满屋子杯盘狼藉。你心里挺不高兴，带着一副勉强的笑脸匆匆进卧室，你的丈夫会做何感想？可以想象，当丈夫的同事或多年旧友见面后，都提议聚一聚，而你丈夫慷慨地说："到我家去。"可他人故弄玄虚地说："是否需要和嫂夫人打个招呼？"丈夫被这么一将，自然男子汉自尊心油然加重，一拍胸脯："咱家没这规矩。"你应当理解丈夫的心理，他只是不希望被人认为是怕老婆，其实他心里着实有些歉意呢！要给男人一些自作主张的机会，哪怕是一时的或表面的也好。懂得给丈夫"面子"的女人必定是宽容、智慧的女人，也必定能牢牢掌控自己丈夫的心。

对于男人而言，别的地方受到伤害可以忍受，但唯独不能伤害的就是他的面子。所谓死要面子活受罪，往往指的就是男人。在古代的西方，男人们常常在决斗中身亡，从表层看大多是为了女性，其实骨子里就是为了面子。

给爱人留面子，其实就是给爱留面子，给婚姻留下“余地”，它会让一个女人变得更温柔体贴，也会让一个男人活得更潇洒阳刚，更会让一段婚姻多一分美满，少一些遗憾！

婚恋悟语

其实，在给丈夫留面子的过程中，丈夫为此也会更珍惜疼爱你。给男人留面子，其实是对他的一种尊重和理解。

让你的嘴巴适当休息

生活中处处都存在着矛盾和分歧。这主要是因为每个人考虑问题的出发点不同，所以处理事情的方式也就各有差别，但是目的只有一个，就是如何将事情做的更完美。

河马夫妇在河边钓鱼，河马夫人在旁边不停地唠叨着。不一会，有鱼咬钩了。河马夫人说：“这条鱼可真够可怜的！”河马先生说：“是啊！只要它把嘴闭上，不也就没事了！”

那天河马和妻子去逛街的时候，看到以前的邻居也带着妻子从对面走过来，两个女人便在街上没完没了地聊了起来，两个男人只好等在旁边。回到家中，河马先生抱怨自己的妻子，结果引起妻子一连串的指责。刚开始，河马先生还为自己辩解几句，但是很快他便意识到这样的辩解是毫无意义的，还会惹来妻子不依不饶的指责。河马先生便不再与妻子辩解谁是谁非，反正也争不过。

这样发展下来去，河马夫妇的关系会发展到何种地步，是可想而知的。

其实，在夫妻生活中，没有对错、输赢之分，也就没有必要去计较什么正确与否，适当地保持沉默是对老公一种宽容的表现。所以，适当的时候保持沉默是女人必修的功课。当美丽到达了某种地步，一定要用沉默来搭配的，而不是一味地去做那毫无意义的辩解。

婚姻需要缘份，陌生的两个人一起走进婚姻，少了缘字那是不会成为夫妻的。既然和他有缘结婚，生活在一起，看在缘份上，还是呵护好老公的尊严，坚决不要说那些容易触犯老公的话，尤其是那些触犯到老公尊严的话。

夫妻在讨论比较敏感的话题时，最好将要说的话过滤一下，思考一下最佳的表述方式，然后再说出来，这样做可以巧妙地避免伤害你老公的尊严。下面这七种话题，最容易触动你老公尊严的那根敏感神经，所以在讲这方面的话题时，一定要注意表达方式。

1. 不要当面批评老公的父母

如果你动不动说“你看你妈，一天就知道看电视，气死我了……”，或者“你妈真是老糊涂，跟我妈真是没法比”。你这样说出来，一定会伤害你老公的自尊。

2. 不要把老公的坏习惯和不良嗜好说出去

如果你把老公的坏习惯和不良嗜好向朋友公告，作为交谈的话题，你老公知道了一定会很生气，因为你出卖了你老公的隐私。如果要找谈话的题材，满可以找老公的优点，在众人面前显耀一番，如果他知道你这样赞美他，一定很开心。

3. 不要用其他男人的优点打击老公

如果用其他男人的优点来和自己的老公进行比较，这便无形中打击倒你老公的自尊，他会感到你瞧不起他，奚落他，不爱他，内心会忐忑不安，最终自暴自弃。如果你是个善解人意的妻子，你应该赞美老公，让他觉得自己比别的男人强才对。

4. 当老公对着漂亮的女人多看两眼时，不要对他冷嘲热讽

每个男人都喜欢欣赏美女，这是很正常的现象。但是，假如他多看美女几眼，你就受不了，对他冷嘲热讽，他会很难过。聪明的妻子应该

主动出击，大大方方地问老公，你看那个女人多漂亮啊！你就能把握住老公的心思，知道怎样来装点自己。

5. 不要毫无原则地劝说老公做他不愿意做的事情

假如你一心想要老公争取升官、加薪或跳槽等，尽管你老公的心里也想这样，并且也在暗中努力，但是，如果你不断地劝说，会给他无形中增加不必要的压力，结果适得其反。现在聪明的妻子要做的，则是努力为老公减压，鼓励他奋发图强即可。

6. 不要追问老公“私房钱”的去向

男人一般都有需要应酬、抽烟、喝酒、参加朋友聚会等等，这都是需要开支的地方。所以，老公私房钱不必追问都用在了什么地方。如果你追问他的私房钱的去向，这对你老公的自尊心会有很大的伤害。

尊重老公，维护老公的尊严，是妻子尊重老公最佳的表现。当老公感到心爱的妻子如此尊重自己的时候，他的自信心就会增强，相信自己有能力担负起这个家庭的重任，也相信自己的婚姻会越来越好！这样的信念就是对你付出的最佳回报。

婚恋悟语

聪明的女人还是丢掉那种毫无意义的辩解和唠叨，适当的时候让自己的嘴巴休息一下，其实靓丽的景致中不仅仅是千般的灿烂，也包含着无语的沉默。

善待每一位家庭成员

男人都希望自己的家庭能够和睦共处，这比拥有成功的事业和许多的金钱还重要，而家庭的和睦在很大程度上需要贤惠的妻子用心去经营。男人大都孝顺老人，年纪越长越懂得关心老人的身体。男人不想背负“娶了媳妇忘了娘”的骂名。而妻子和婆婆关系紧张总会让男人生活在夹缝中，左右为难。幸福的妻子会支持自己的老公去关心他的家人，自己也会抽时间去和老公的家人沟通，包括老公的朋友。

把丈夫的亲属当成自己亲属一样细心包容的女人，才是男人最理想的妻子。聪明的女人都明白家人对老公的重要性。

在 Karen 嫁给丈夫之前，对丈夫庞大的家族和复杂的家庭关系与其说抱有善良和乐观的心态，还不如说她怀着不切实际的想法。她总是觉得在自己家也是要和爷爷奶奶父母兄弟姐妹相处的，家庭成员多，到不会寂寞。这是一种爱屋及乌的宽容。时间长了，面对刁钻的婆婆，恋兄癖的小姑，任性的小叔，Karen 感觉到心有余而力不足。尤其是生下孩子以后，孩子的啼哭让小姑不满。丈夫又没有办法说什么，只有委屈地叫她忍让。

即使这样，Karen 仍然抱着一棵宽容的心。人心都是肉长的，Karen 相信，只要她真心对弟弟妹妹好，即使弟弟妹妹感觉不到，起码自己也心安。丈夫很心疼 Karen，虽然嘴上不说，但行动上总是很照顾她，而 Karen 长久的努力，终于改善了她和丈夫家人的关系。

在现实生活中有多少妻子，因为不能忍受复杂的家庭关系而心生不满，四处挑剔，也许自己心里痛快了，但苦的是夹缝中挣扎的丈夫啊。家庭结构是改变不了的现实，面对现实，争取改善环境是好妻子的必修的功课。

老人们常说：“儿子好不算好，儿媳好才是真好”。由此可见，如果说做女人是一门学问，那么做儿媳妇则是一门艺术。

按时给公公婆婆赡养费、特殊的日子里一定要去和他们团聚、常常抽出时间陪他们说说话、逛逛街……这是聪明女人会做的事情。

“孝公婆不如顺公婆”。如何把公婆的心气理顺，让他们在祥和、快乐之中安度晚年，这似乎是一个好媳妇要必须面对和努力解决的课题。行孝顺之礼，尽赡养之责，既是文明发展的必然，也是时代生活对每个人义不容辞的要求。

还有很重要的一点，孝顺老公的父母，是打动男人、拴住男人心灵的最佳捷径。况且，媳妇也要熬成婆，想想有朝一日你也会如此面对儿媳妇，不妨在今天多为老人想想。

婆媳之间在相处时，有时难免会有一些意见不同，如果一方发点小脾气，另一方则主动忍让一下，那么一场风暴就会平平安安地过去了；如果互不相让就会火冒三丈，大吵大闹一场，搞得家无宁日，一发不可收拾。如此，必然会搞得媳妇与儿子之间，婆婆与公公之间，儿子与母亲之间，公公与媳妇之间矛盾四起。结果一个好端端的家庭闹得四分五裂，轻则影响相互之间感情，重则影响生命安全。因为一点家庭小矛盾搞得婆婆或媳妇为之自杀的事例也不少。这决不是危言耸听，而是实实在在是发生在现实中的悲剧。

人们常常认为宽容是一种软弱，是一种妥协，是一种对他人的纵容。其实，一个懂分寸的人是不会被纵容的，每个人都有自己的尺度，而一种真正的宽容来自一个人内心的力量。所以，婆媳相处时，别忘了用“宽容”的心态来处理你们之间的关系。把“宽容”二字时刻存于心间。

作为一名已婚女人，在身兼妻子、母亲、儿媳、女儿多重角色的情况下，要挑起自己事业的重担，家庭与事业的矛盾是再所难免的，特别是作为家庭主妇，这种矛盾就格外显的突出。

对丈夫，要了解他的爱好和需求。在他生日、结婚纪念日时给他送上精美的纪念品；出差在外时，发给他一条亲昵深情的短信；丈夫病倒在床时，尽量挤时间守候身旁。做一些费时不多，但却能收效甚佳的事。

对孩子，要尽量施仁母之爱。因为母爱是人类最神圣的爱，是万物不可取代的爱。唯其如此。一些事业型的女人常常为自己的子女得不到足够的母爱而深感自责。因此，女人尽量利用一些空余时间多听子女诉说自己的想法，了解他们的内心世界；尽量抽时间去学校参加家长会，了解他们的学习情况；以表扬、鼓励、理解和安慰为主，尽量满足他们的正当要求。在生活上尽量多给予子女关心和爱护。

女人一旦结婚，便会有多重的身份，如何扮演好社会赋予这些身份的责任，是每个女人必须要面对的考验，最简单最直接的方式，就是用女人独有的爱去爱自己的家人，让包容的爱，理解的爱，装点每一天的生活。

婚恋悟语

男人需要自己的妻子温和、慈爱、平和，具有包容心，重视自己的亲属和朋友，这样的女人也才是真正爱丈夫的好女人。

不要指望男人一碗水端平

当老公心事重重的时候，最好不要缠着他追问为什么，这样会使男人更加心烦。如果他不想跟你说，证明他不想让你知道，而让你为他担心。这时，你应尊重他的选择，不要去打扰他，他想说的时候自然会告诉你。

在刚刚结婚时，Ruth 经常会在晚饭后，和她的老公聊聊天，但一问她老公的工作情况时，她老公只是咕噜了一句："还行吧"，就自个去看电视不理 Ruth 了。Ruth 经常因此而感觉到受了冷落，使得情绪不稳定。

在女人的心里以为，下班后谈谈有关工作的事情是与老公增进感情的一个不错的话题，也可以互相缓解一下工作的压力。但男人却认为，下班后在家中最好不要谈工作上的事情，家对男人来说是休息的地方，在这里男人只想轻松一下，享受家中无言的宁静与温馨。

其实，男人的这种沉默行为也有生理上的原因：男人的大脑一般在处于休息状态的时候，正是他的反应力相对迟缓的时候，而此时他大脑的语言功能也是处于休眠状态的。所以，当你在他休息或休闲时与他聊天，而他却沉默或心不在焉时，你千万不要发火或难过。他的沉默并不是他在故意冷落你，而是他正在处在大脑的休息状态。

所以，当男人下班回家疲惫的倒在沙发上时，不要噪舌地追问他的工作情况了，一杯温茶、一次按摩才是此时的他最需要的。

有时，当你的老公很高兴跟你商量某一件事时，由于你心情低落，而表现出不耐烦的样子，他马上会变得沉默。虽然这事没有发展到面红耳赤的争吵地步，但是，冷战却难以避免。

你也许会纳闷，为什么每次商量事情总是闹的不欢而散？这从某种意义上讲，是因为你不认真倾听你老公的声音，不尊重他的选择，才会导致这样的结局。

理解老公的选择，等于对他看法的认可，是你对老公所关心的成就、名声和地位的认同。不论你老公做任何事情，如果你反驳他，以一种不认同的态度批评他，他会觉得你是在故意找茬，他的内心会很沮丧，他会认为你不爱他，认为自己所做的努力都是枉费的。一旦男人产生这种心态，那对婚姻是很危险的。

从女人的角度看，尊重老公的选择就是对自己的尊重，因为尊重他的选择意味着尊重你当初的选择，证明你选择这个男人结婚是明智的，是值得你用一生去爱、去敬重的。相反，如果你不尊重他，说明你当初的选择是愚蠢的、错误的，你怎么会找一个不值得你敬重的男人做老公呢，这等于自己打自己的嘴巴。

男人作为一家之主，在孩子的心里必须树立起高大伟岸的父亲形象，要让孩子知道，父亲是无所不能的，没有任何困难可以将父亲压倒的。

他们在家里尽享天伦之乐。他尽情地宠爱自己的孩子，与他们逗弄嬉戏。孩子的懂事、可爱，对父亲的热爱与崇敬，都会让男人们由衷地高兴和满足。

可是有的女人却不明白其中的道理，为了一点点小事，便在孩子面前责备他、漫骂他，这将大大损伤在孩子心中父亲的形象，同时还有自己的作为母亲那贤妻良母的形象，在孩子幼小的心灵留下阴影。父亲那高大的形象也会轰然倒塌。

男人心甘情愿地与你一起走进婚姻的围城，不是要你回来管制他的，而是叫你好好爱他，并鼓励和支持他出去独闯，成就一番事业的。

如果你过多限制老公，这不能做，哪也不能做，他很快便会丧失独立的人格，久而久之，你老公可能变成一个没有自信的“木头人”。如果你老公变成了“木头人”，对他、对你和家庭有什么好处呢？恐怕谁也不愿意看到这样的结局。

话说回来，即使你“锁”住了老公的身体，不给他机会从事社交活动，不让他认识新朋友和新鲜事物。但是，你能锁住他的心吗？既然你锁不住他的身心，那么，还是多给他一些自由吧。

作为女人也许会担心，给老公太多的自由，会不会纵容他？使他离你渐行渐远？可以肯定地说，这种担心是多余的，如果你温柔体贴，善解人意，为老公营造了一个温馨的家园，他跟你在一起感到幸福无比，无人伦比，他舍得离开你吗？

婚恋悟语

聪明的妻子，不会干扰老公的工作。相反，会用很多的心思和时间为老公创造一个舒适快乐的家庭环境，让老公回到家感到舒心，解除工作的烦恼。

不要和长辈顶嘴

我们长大了，有自己的生活，有自己的空间，逐渐远离了父母的视线。同时，我们也发现，父母的两鬓不知道什么时候开始斑白了，腰背不再挺直了。是的，爸爸妈妈已经老了，但是不会改变的是，在他们眼中，我们还是孩子，还是需要父母关爱、操心的孩子。随着我们的独立，我们都有自己的想法、观念了，可能这些观念很难被我们的父母所认同和接受，于是他们不放心，要嘱咐我们这样、那样。即使我们已经成家立业，有时候父母也还是放心不下。所以，我们与父母之间就产生了矛盾。

珊莉今天和老公吵架了，实际上也没有多大的矛盾，就因为一点鸡毛蒜皮的小事吵了几句。气急之下，她拎着包就回了爸爸妈妈家。好在离得也不远，打个出租车很快就到家了。妈妈一看珊莉气鼓鼓的样子就知道是吵架了，就问她怎么回事。珊莉一屁股坐到沙发上，说："他这几天每天回家都喝得醉醺醺的，一进家门就倒在床上，酒气熏天。明知道我最讨厌喝酒，告诉他好几次了都没记性，我就和他吵起来了，大不了我天天回家来！"妈妈说："他什么样你还能不了解吗？平时他也不喝酒，关键还不是工作的关系吗？现在的社会啊，就是这样，不喝好就什么生意都谈不成。你得多体谅他。"珊莉一听妈妈的话和老公说得一样，就气不打一处来："妈，您也帮他说话！""妈不是帮谁，你现在已经为人妻了，不能什么都由着性子来。听话，快回去吧，没什么大不了的，小两口吵架还至于这么大架势？""不回，我在家好好待几天。""那哪行啊？他自己在家谁给做饭？再说哪有动不动就把丈夫自己扔在家，回娘家住上好几天的？快点回去吧！"听到妈妈的啰嗦，珊莉火气又上来了，甩下一句"回家也惹我生气"，就摔门而去。不过在街上逛了一会，她觉得刚才自己太激动了，一定惹妈妈生气了，就又转身又回到了家。一开门，看见妈妈正坐在沙发上擦眼泪。看见妈妈伤心的样子，她心疼得无言以对。

在生活中，和爸爸妈妈顶嘴吵架是常有的事，可能很多人都认为这没有什么，自己的亲人，又不会真的生气。可是，通过上面的这个故事，我们能看出来什么呢？珊莉妈妈的眼泪，让珊莉心疼了，如果换作是你呢？你知道被你惹得伤心的爸爸妈妈有没有流过眼泪吗？

对于父母的意见，应该怎样认识和对待呢？要知道，父母关爱子女是没有任何私心的，他们会倾其所有来爱护你。爸爸妈妈的观念可能已经跟不上时代跟不上社会发展趋势了，但是你要记得，父母所具有的经验，是在大半生的生活实践中积累起来的，不得不承认，很多时候他们的意见在事后看来都是真知灼见。所以，在与父母意见不合的时候不要太固执，应该仔细分析一下爸爸妈妈的想法，这也是对爸爸妈妈的最起码的一种尊重。从另一个方面来说，如果确实是父母的意见有误，你也要清楚，父母的初衷是什么。没错，是出自对你的爱，即使你已经完全独立，即使你已经结婚生子，事业有成，父母的爱却从没有离开过你。那么，你该怎样对待这份出自爱的初衷的意见？

任何时候都不要和爸爸妈妈顶嘴，别惹老人生气甚至伤心，更别让他们担心，这是为人子女最基本的孝道。特别是当你已经有了自己的家，已经完全脱离了父母的护佑和帮助，这时候更要依顺父母，哪怕只是表面上的依顺。因为你的顶撞会让父母伤心，会让他们认为孩子的翅膀硬了，不再需要自己的爱了。还有什么比这更能伤害父母的心呢？

迟早会有一天，当你已经到了父母现在这样的年纪，你才能体会到父母现在的心情和感受。他们不想要我们大富大贵，更不需要什么回报，他们只想看着自己的孩子能好好地生活，好好地做人，一帆风顺。

婚恋悟语

老人的自尊心有时候比我们想象的要脆弱。乌鸦尚有反哺之恩，为人子女，千万要从心灵上爱护好自己的父母。否则，子欲养而亲不在，后悔莫及。

关爱父母什么时候都不晚

爱的表达方式有许多种，可以用口来表白，也可以用心去挂念。然而，即使说得再好、想得再多，如果不能落实到行动上，这种爱也只能是海市蜃楼而已。说具体些，这是华而不实、好看并不中用。

终有一天，我们也会像父母一样渐渐老去，也会反应迟钝，也会身体行动缓慢。可是尽管如此，我们依然希望能够被子女了解和理解。吃饭时，我们也会掉饭粒儿，也会吃得脏兮兮的，甚至会有穿不上衣服的那一天，然而，我们不希望被嘲笑，我们也想子女能够耐心一点儿地对待自己。上了年纪的人难免有时会一再重复地说着同样的事情，尽管如此，我们不想被子女打断自己的话语，就像小时候对待子女一样地对等待我们，总是一遍又一遍耐心地给子女讲着同样的故事、说着同样的话语，直到子女看着你静静地睡着。我们和子女谈话时，有时会不知道该说什么，需要子女给我们一点儿时间思考，即便我们什么也想不起来，看着我的无能为力子女也不要紧张。其实，对我们来说，重要的并不是说话，而是能和子女在一起。当我们懒得洗澡时，请子女不要羞辱我们，更不要责骂我们，要知道，父母对于儿时的子女也曾经编出许多的理由，只为了哄子女洗澡嘛！当我们外出没有办法找到家时，也请子女不要生我们的气，更不要把我们一个人扔在外边，子女应该慢慢地把我们带回家中。当我们头脑迷糊、神志不清时，也许会一不小心把饭碗打碎，也请子女不要责骂我们，想想子女小时候打碎的碗，这只是小巫见大巫呢！当我们的腿脚不听使唤时，请子女扶我们一把，就像我们当初扶着子女踏出人生的第一步时一样。当哪天我们告诉子女不再想活下去时，子女也千万不要生气，因为总有一天子女会了解我们的，了解我们这已风烛残年来日可数的心情。早晚有一天，子女会发现，即使我们有许多过错，都是想尽我们所能给子女最好的。当我们靠近子女时，不要觉得感伤、生气或埋怨，子女要紧挨着我们。了解我们帮帮我们，扶我们一把，用爱和耐心帮我们走完人生，我们将用微笑和始终不变的爱来回报子女。

生活在这个追求时尚、追求刺激的时代，存有太多的浮躁与太多的诱惑。即使是再深再重的感情都无法与父母之爱相提并论，这种情深似海、重如山。当你长大后，也许会越来越关注美丽的伴侣，越来越在意孩子的健康，也越来越在乎自己的事业空间和生活质量。可是，请你想想吧，你的父母还有多少时日可以和你在一起和睦相处、共享天伦？不要等到父母离去才来追忆他们曾经的年轻美丽和风华正茂。树欲静而风不止，子欲养而亲不在，这何尝不是人生中最大的无奈和遗憾呢？还是不要让自己遭受这种无奈、遗憾、自责、后悔和不安吧！

很多时候，因为忙碌，因为生存，我们往往忽视了它们的存在。爱心，尤其是关爱父母的心不是用来闲置的，而是用来付出的。在被各种欲望包围时，我们的爱心也会被淹没，有时甚至不如一个孩子，这不能不让我们汗颜。我们经常向上帝祈祷能带给我们好运，殊不知，在这个世界上，真正的上帝是人们的爱心。

婚恋悟语

爱的关键，不仅要说在嘴里挂在心上，还要伸出一双温暖的手！好好善待你的父母，在他们活着的时候，不管何处！

婆唱媳随，营造和谐

婆婆是什么，婆婆就是那个用几十年时间含辛茹苦为你培养丈夫的人。那个让你爱得发狂的男人是她全部的心血和精神寄托。在你没出现之前，他是属于她一个人的。

媳妇是什么，媳妇是儿子生命中出现的另一个重要的女人。她为了自己的爱人付出自己的青春，为他生儿育女，把全部的爱给了这个人。

做母亲的总是非常疼爱、关心自己的儿子，在她的潜意识中，是不希望有其他的爱来干扰母子之间的爱的。然而，这是不切实际的，当儿子成家之后，他必然会将对母亲的爱一大部分转移到媳妇身上。有不少母亲因适应不了儿子对自己的“爱的转移”，而在心中孳生出一种说不清楚的妒忌与不快，于是，当婆婆的就借机找茬。

其实，婆婆不应该把媳妇当做外来侵略者，在与你争夺儿子，相反，要感谢媳妇让你的儿子结束了漂泊不定的单身生活，她不仅照顾着你儿子的生活，而且还不辞辛苦地为你家生儿育女。因而，不要总想着与媳妇争夺家庭控制权。你对媳妇好就是对儿子好，家和才能万事兴。你常在儿子面前赞扬媳妇，话传到她的耳朵里，媳妇一定会对你多一份敬重。人心都是肉长的，婆婆多疼爱媳妇一分，就等于在“婆媳情感账户”里多存了一笔定期存款，这个账户储存的并不一定是金钱，它来源于日常生活的方方面面、点点滴滴，比如出门时的一句叮嘱、生病时的一句问候、临睡时的一杯牛奶……投入的越多，积累的就越多，只要“存款”充足，婆媳之间偶尔有些小磨擦或误会也不会导致太大的矛盾，并且容易沟通和谅解。

母爱与夫妻之爱都是天经地义的，母亲认为儿媳对儿子的照顾不周，对儿子的爱不够完美，而儿媳又认为婆婆对丈夫的爱太过具体，太过细密，进而，由于爱的方法上有差异，致使这份爱产生了矛盾。

婚姻不是单纯两个人的结合，而是一个家庭和另一个家庭，一堆亲缘关系和另一堆亲缘关系的结合。对于婆媳关系，我的看法是：爱他，就连他的妈妈一起爱吧。爱，就是给所爱的人架设一座通向未来的桥梁。儿子是母亲的心头肉，从小呵护到大，有一天，她的私有财产被你占有了，你说她的心里能好受吗？每一个结了婚的女人都免不了处理婆媳关系，可以说，这已经是一个老生常谈的话题了，那么这个话题为什么经久不息地被谈论呢？就是因为这个看大不大、看小不小的问题虽然没有上升到国家的发展上，却关系到一个家庭的存亡，一个家庭的美满与幸福。

作为儿媳，你心中应该这样提醒自己，婚后尽量与公婆分开居住；你要有自己的工作，不与婆婆一起操持家务；既便是在一起住，也要有两台电视；不要在婆婆面前斥责自己的丈夫；不要在婆婆面前向丈夫撒娇；时常给婆婆买些礼物；不要跟婆婆摆架子。

细细想来，婆婆怀胎十月，生下了儿子，并且费尽心思把他培养成人，随之让他把你娶进门，如果你认为婆婆身上的责任完成，那就大错特错了。儿子在她的眼中永远是个长不大的孩子，需要她的关心与爱护，即便有了你以后，她的这份爱丝毫没有一点削减。她可以随意支使自己的儿子，可以打、可以骂，但是你不许。如果你坐在沙发上支使丈夫给你倒杯茶，责备丈夫在工作中太软弱、太笨拙的话，你的婆婆就会“龙颜大怒”！她认为你在“虐待”她的儿子。从此，你们婆媳间的导火索就被点燃，你不要希冀婆婆对你有所关爱了。敢在她的面前委屈她儿子，背地里她儿子还不知怎么受苦呢？所以，在婆婆面前，你应该扮演温顺的小猫，对丈夫百般地温柔，什么都听他的，顺从他，做出贤德的样子来，给他端茶倒水，背后你让他给你洗脚也无妨。

婆媳的关系应该是张弛有度的。“弛”就是对婆婆的生活采取完全看不到的状态。对婆婆已经习惯的生活不要进行干涉，过分节俭与过分浪费都是她的生活，你只要过好你们的生活就可。千万不要抱着一切依赖老人的想法，不要因为婆婆自己四处风光却不帮水深火热之中你们一点忙而埋怨，那是人家多少年的劳累换来的一点点晚年时光，人家爱怎么玩都是生活对她的补偿，你眼热什么呢？况且能够看到老人们如此开心地生活，你应该为老人感到欣慰才是。“张”就是对婆婆的关心要如阳光般温暖，还要有炎炎夏日一样的热情，当你把这份热心传递给婆婆时，再“铁石心肠”的婆婆也会心有所动。当她生病时，无论大病小病，你都要第一时间出现在婆婆的眼前，为她递药倒水。对于婆婆的生日牢记心中，遇到好事第一个告诉婆婆，日久天长，你们的关系会有质的改变。

婚恋悟语

婆媳关系是世界上最微妙和难处理的关系。她们同爱一个男人，也分享同一个男人的爱。她们分别影响这个男人前半生和后半生的生活，让她们在同一屋檐下和平共处，恐怕需要高超的技巧和艺术。

别让婆媳关系变成“恶性肿瘤”

婆媳关系不是百攻不破的坚冰，既然源于爱，定能解于爱。只要对婆婆多用一点心，多付出一点爱，就一定会熨平婆媳关系的沟沟壑壑，让你的婚姻多一些坦途和温馨。

婆媳问题最主要的原因是什么呢？很简单，婆媳相处问题实际上就是两个女人和一个男人的关系问题。你要知道，婆婆也是女人，所以她同样有一般女人的心理。在她眼里，你是一个年轻的女人，一个她辛苦养大的儿子现在却对你呵护备至。所以你这个“侵略者”要仔细体会婆婆内心脆弱的忧伤和失落。媳妇是女人，有女人要满足的各种需要；婆婆也是女人，比媳妇还懂女人需要的是哪些，只是碍于长辈的面子，不能像媳妇那样表现得那么张扬。所以我们当媳妇的，就得是显微镜，也得是放大镜，把婆婆的心理先研究个透彻，再寻求跟婆婆的和平相处之道。

如果想要相处好，婆婆和媳妇双方都要清醒地意识到：我在干吗？我想怎样？为什么会存在矛盾？——这就是自知。所以为了让自己保持安全和快乐，我们都应该做一些措施——我怎么调节自己，而不是试图改变别人。绝大多数人喜欢改变别人，把操控的力量放在别人身上，而别人的行为你基本上是无法操控的，不如把控制权拿在自己手里，想想如何调整自己来适应这一切。

玛莉刚刚结婚没几天就和婆婆吵了一架，事情的起因很简单，就是婆婆看见自己的儿子居然穿了一件不太干净的衬衫去上班，在她看来，这当然是媳妇的“失职”，于是就话里藏刀地问了玛莉这是怎么回事。玛莉当然不乐意别人干涉自己的家庭生活，于是也就没有好气地顶撞了婆婆。这样，一场婆媳之间的“战争”就爆发了。玛莉咬住的理儿是：我们夫妻、家庭的私生活不用别人操心，谁都管不着；婆婆的理儿则是：我的儿子我有权利管，而你是我的儿媳妇，你必须照顾好我儿子。另外，我是你婆婆，可你从来都没有叫过我一声“妈妈”，婆婆也是妈，你要尊重我。这场“战争”维持了数天之久，直到玛莉的妈妈来“解围”，才算结束了。玛莉的妈妈说：“玛莉，你既然选择了自己的丈夫，就应该接受他的一切，尊重他的一切。谁不是自己的娘生的？你丈夫的母亲难道就不是你的母亲吗？你不尊重她，让你的丈夫怎么去面对你们？婆媳关系不是处不好，而是人们不懂得去真心诚意地对待。要是都能把婆婆当亲妈，把媳妇当女儿，哪能不好相处？”经过这次风波，玛莉和婆婆之间的关系果然好了很多。

婚姻中和准婚姻状态中的女性，如何处理好婆媳关系是能否处理好婚姻问题的关键。处理不好，婆媳关系很可能会成为严重影响婚姻关系和质量的“恶性肿瘤”。

不要在丈夫面前抱怨他妈妈的不是。即使是丈夫首先开口说他妈妈不好，你也必须坚持沉默是金的原则。作为儿媳，你不可能对婆婆没有意见，比如她对你教育孩子横加干涉，比如她过多地教育她的儿子，因为这个儿子现在已经是你的丈夫，所以自然会引起你的不满。可是你只能把这些不满藏在心里。在这种情况下，你一定要控制自己的嘴巴，记住她当然可以畅所欲言，因为那是他的妈妈，可一旦你投入进来，则会对你俩的关系造成损害。为了安全起见，沉默原则应该推广到他的每个有血缘关系的亲人。收起你对他家庭成员的评论，这将会使你的生活顺畅很多。道理很简单，若他到处说你娘家的不是，你会听之任之吗？

凡有责任心的男人，婚后依然会对大家庭有几分惦念。如果你想阻止这种牵挂，就会影响到你的婚姻。聪明的主妇会理解老公的这种情怀，爱他就关心他的家人。要知道，婆家也是你婚姻的重要组成部分。不要试图让老公断绝和婆家的关系，他属于你，也属于他的家人。不要在老公和他人面前议论婆家的不是。乖巧的媳妇在自己家可以是“野蛮老婆”，但在婆婆家要有一个贤淑样，像对自己妈妈一样对婆婆嘘寒问暖。

俗话说：“家有一老，如有一宝。”婆婆也许有些顽固，但她的生活阅历比你丰富，比你更有经验。应该多看到她身上的优点，少计较一些缺点。唯有如此，才有利于营造和谐美满的幸福家庭氛围。

婚恋悟语

大凡女人都有一个先入为主的观念，认为“婆媳一定搞不好”。其实并不见得如此，应该多看婆婆的优点。毕竟，她是你丈夫的妈妈，你应该对她保持一份最起码的尊重和敬爱。

第六章 好心态成就好女人，永葆青春的秘诀

相信一千个女人对幸福会有一千种理解。幸福可以是来自爱人的一个微笑、一丝温柔、一句贴心的呵护，甚至是一种良好的心态。正如罗兰所说："一个女人如能让自己经常维持像孩子一般纯洁的心灵，用乐观的心情做事，用善良的心肠待人，光明坦白，她的人生一定比别人快乐得多。"在婚姻生活中何尝不是如此。

时刻保持一颗平常心

女人，之所以不快乐，不幸福，往往是因为追求的太多，想要的太多。好高骛远、患得患失的心理，促使一颗不安分的心，在烦恼中挣扎，在愁苦中纠结，那么为何不保持一颗平常心，让生活多一份宁静的快乐呢？

有人说，上帝是如此厚待我们，我们要懂得感恩与满足：当我们的眼睛还能看见蓝天白云，要懂得微笑地满足；当我们的耳朵还能听到春日里清脆的鸟鸣，我们要懂得感受大自然的馈赠……其实，幸福的生活正是由这些微小的事物成就的，平淡的生活也不过开门七件事：柴、米、油、盐、酱、醋、茶。而聪明的女人一直都懂得，只有平常的幸福才是最珍贵的幸福。生活中不会总是激情澎湃；生活中也不都是热情如火；男人不都是潇洒英俊，事业有成；工作不都是高薪厚禄，一路顺风；生活更不会每天都有鲜花和掌声。生活中更多的时候是平淡如水，游走在各个角落的更多的是平凡的人。苛求太多，埋怨太多，只能使幸福与自己擦肩而过，甚至背道而行。

一位智者正带一群信徒正在菩提树下闭目，静坐打禅。忽一阵风吹过，将菩提树上的叶子吹得沙沙直响。此时，信徒们纷纷睁开了双眼，开始争执："是风在动，还是幡在动?"

一时间，谁也不能说服谁。恰在此时，智者微睁双眼，说到："不是风动，也不是幡动，而是你们的心在动。"

其实人的生活也大抵如此。

在喧嚣而躁动的世界里，因为太多的纠葛和羁绊，而使原本平和的心，饱受世事的碾压，顾虑过多的得失。如果心胸宽阔，不以物喜，不以己悲，就足以承受任何过错得失，也足以抵挡住任何是非恩怨。

保持一颗平常心，实质上也就是把外在的世界和内心保持一个平衡点。有了这种平衡，女人，会少些焦虑，少些浮躁；多一份安适，多一份恬谧，心似一泓碧水，清澈明亮，继而胸襟为之开阔。在现代紧张生活的压力下，仍有心情去感受那份宠辱不惊。闲着庭前花开花落，去留无意，望天外云卷云舒的那份自在！这才是我所想要的真实而快乐的人生。

作为女人，固然不可能像智者那样进入一种无我、心无外物的高超境界，但至少还可以努力去做到临危不惧，临辱不惊，不以物喜，不以己悲吧？成功时不要得意忘形，失败时也不要灰心气馁，以一颗平常心坦然处之。

拥有一颗平常心，这种快乐简单而又纯粹。这种快乐的源泉可以是看到早春里的第一片绿叶；看到一朵含苞欲放的小花；经历一场丝丝的小雨；伴着清风晚月夜幕的降临，躺在凉爽的竹床上看星星望月亮；甚至接到朋友一个温馨的短信；给好久没有见到的朋友一个拥抱，让彼此感到真的非常高兴，快乐原来是可以传染的。

拥有一颗平常心的女人，会安于自己的选择，珍惜自己想得到并已得到的，不会去觊觎别人的成就，这样的女人优雅而从容。刻意的追求完美，却弄得自己伤痕累累，这是不可取的。有所得必有所失，失之东隅收之桑榆，这是自古常理，平心静气的做好自己的事情才是硬道理。如果定下了目标但仍战战兢兢，就要想想自己的能力，是否足够达到目标，而改变这种慌张需要的就是一颗平常心。平常心态有时比什么都重要，只要试着改变自己，培养好的心态，就会对生活重新燃起热情和希望。

拥有一颗平常心，就是让自己知道，既然改变不了环境，那就改变自己；改变不了事实，那就改变态度；不能控制他人，那就把握自己；不可能万事顺心，但可以每次都尽心；不可能改变天气，但可以左右心情。不刻意强求什么，珍惜自己原有的，不去想那些遥不可及的，这样才能做个快乐的女人。

我们感悟平常心，希望拥有平常心，读懂平常心，就像夜里看到满天星光。感悟平常心，宛如在静静的旷野，在清幽的山涧，寻找清泉，寻找幽兰，静听樵歌。拥有平常心，宛如拥有一架美妙的竖琴，让女人的心灵沉浸在欢欣、激昂的乐曲里；宛如向心灵世界播撒阳光、雨露，满溢波涛与浮光。

要知道，更多的时候，世界没有改变，改变的是我们的心情。每天给自己一个微笑，开心就好。做一个潇洒健康快乐的女人，让一颗平常心时刻沐浴着阳光，享受着生活的每一天，在阳光中体验做女人的潇洒。

婚恋悟语

拥有一颗平常心，就等于拥有了幸福的根。只要拥有了这个根，幸福的藤才能在你的周遭蔓延开来……

做自己心情的主宰

有人说，幸福是乐观抵达的目的地，乐观心态是抵达幸福的必由之路。因此，女人要想自己幸福，就要首先具备乐观的生活态度。一位女士曾讲了这样一个故事：

一天，我站在一个珠宝店的柜台前，把一个装着几本书的包放在旁边。在我挑选珠宝时，一个衣着讲究、仪表堂堂的男士也过来看珠宝，我礼貌地把我的包移开。但这个人却愤怒地瞪着我，告诉我他是个正人君子，绝对无意偷我的包。他觉得他受到了侮辱，走出了珠宝店，并重重地摔上了门。“哼，神经病。”莫名其妙地被人这么嚷了一通，我也很生气，也没心思看珠宝了，出门开车回家。

马路上的车像一条条巨大而蠢笨的毛毛虫，缓慢地蠕动。看着前后左右的车我就生气：哪来这么多车；哪来这么多臭司机，简直就不会开车；那家伙开这么快，不要命了；这家伙开这么慢，怎么学的车！

后来我与一辆大型卡车同时到达一个交叉路口，我想："这家伙仗着他的车大，一定会冲过去。"当我下意识地准备减速让行时，卡车却先慢了下来，司机将头伸出窗外，向我招招手，示意我先过去，脸上挂着一个开朗、愉快的微笑。在我将车子开过路口时，满腔的不愉快突然无影无踪。

实际上，珠宝店里的男士不知道从哪里接受了郁闷，又把这种坏情绪传染给我，带上这种情绪，我眼中的世界也变得灰暗无比。每件事，每个人都像在和我作对，直到看到卡车司机灿烂的笑容。

别人冲你生气，是他自己的事情，很大程度上都不是你的错。因此千万不要用别人的错误来惩罚自己。如果我们每个人都能做主宰自己的心情，做一个心底无私、乐观快乐的人，那么不光我们自己会从中受益，这个世界也会变得格外美好，因为只有自己的内心先快乐了，才能传递给周围的人一份快乐。

然而，不少女人在生活中总是试图压抑自己的情绪，总是面对微笑，总是对别人回答说"不用担心"，总是任劳任怨……时间久了，可能会带来像高压锅爆炸那样的危险，做出令人无法置信的事情来。因此，在出现这种事态之前，最好能够适时将不良情绪宣泄出来。

一天深夜，一位医生突然接到一个陌生女人打来的电话，对方的第一句话就是"我恨透他了！""他是谁？"医生问。"他是我的丈夫！"医生感到很突然，于是礼貌地告诉她："你打错电话了。"但是，这个女人好像没有听见似的，继续说个不停："我一天到晚照顾四个孩子，他还以为我在家里享福。有时候我想出去散散心，他却不肯，而他自己天天晚上出去，说是有应酬，谁会相信……"尽管这中间医生一再打断她的话，告诉她，他并不认识她，但是她还是坚持把自己的话说完了。

最后，她对这位素不相识的医生说："您当然不认识我，可是这些话已被我压了多时，现在我终于说了出来，我舒服多了，谢谢您，对不起，打搅您了。"

过度压抑会使人的心灵与外界日益隔绝，导致孤独、苦闷、忧郁等不良情绪的产生，甚至可以导致精神失常。因此，堵塞不如疏导。学会倾诉是一个不错的办法，当你在生活、工作中遇到不称心的事情时，要适度与家人、朋友倾诉或发泄一番。作为家人和朋友，自然也会耐心倾听你的苦恼。还有这样一个令人感动的故事：

在一个小山村里，有一对残疾夫妇，女人双腿瘫痪，男人双目失明。春夏秋冬：播种、管理、收获……一年四季，女人用眼睛观察世界，男人用双腿丈量生活。时光如水，却始终未冲刷掉洋溢在他们脸上的幸福。

当有人问他们为什么幸福时，他们异口同声地反问："我们为什么不幸福呢？"男人说："我虽然双目失明，但她的眼睛看得见啊！"女人说："我虽然双腿瘫痪，但他的双腿能走路啊！"

这是一种乐观豁达的心态，这就是幸福！拥有了乐观的心态，人的心灵就会空明澄澈，超然于名利纷争之外，感到宁静与满足。

婚恋悟语

生活不可能总是春光明媚，花香醉人，天色常蓝，事事如愿，女人若想成为一个快乐积极的人，就应豁达大度，笑对人生，做自己心情的主宰。

培养积极的心态，自信的女人最美丽

自信女人对待事物，不看消极的一面，只取积极的一面。如果摔了一跤，把手摔出血了，她会想：多亏没把胳膊摔断；如果遭了车祸，折了一条腿，她会想：大难不死必有后福。她把每一天都当做新生命的诞生而充满希望。

美国成功学学者拿破仑·希尔关于心态的意义说过这样一段话："人与人之间只有很小的差异，但是这种很小的差异却造成了巨大的差异！很小的差异就是所具备的心态是积极的还是消极的，巨大的差异就是成功和失败。"

在女人的一生中可能随时都会碰到困难和挫折，甚至还会遭遇致命的打击。在这种时候，心态的积极与消极会对事业的成败产生重大的影响。

然而，在自卑的女人眼里，蔚蓝的天空都会变成灰色；在乐观的女人眼里，阴霾之中也能看见明天的太阳。放弃自卑，选择自信，女人一生会更加美丽和幸福。

凯斯·黛莉从小时候起就有一个不为人知的梦想：她想成为像芭芭拉·史翠珊那样有名的歌手。

黛莉从未向人透露过这个梦想。她只是在没有人的时候放开嗓子歌唱。原因其实很简单：她长着一张难看的阔嘴和一口奇怪的暴牙。

黛莉一直对自己的暴牙自卑不已。到高中毕业聚会时，因为每个人都得表演节目，她便选择了唱歌。她穿着母亲的白色小礼裙，紧张地站在舞台中央。音乐响起，她开始和着唱。她一直很在意自己的牙齿，为了使它不影响自己的魅力，她一直想办法把上唇向下撇，以此来掩饰她暴出的门牙。这样的唱歌方式当然十分别扭，她唱得心不在焉，声音变得扭扭捏捏，甚至连好几段歌词都给忘到了脑后。

同学们看到她奇怪的样子，忍不住哄堂大笑。这是黛莉第一次公开演唱，却得到这种难堪的结果，自然会令她沮丧万分。

这时，音乐老师史密斯夫人来到她身旁，很诚恳地说："凯斯，其实你的嗓子很棒，完全可以唱得更好。但你唱歌时，好像在试图掩饰什么。你不太喜欢自己那口牙齿吧。"

黛莉正是被说中了心事，羞得满脸通红。

史密斯夫人又直率地说："这又有什么关系呢？暴牙并不是什么罪过，你为什么要拼命地掩饰呢？张开你的嘴巴吧。只要你自己不引以为耻，观众也一定会喜欢你的。说不定，这口牙齿还能给你带来好运气呢！"

黛莉接受了老师的建议。她开始大胆地在各种公共场合演唱。她不再去想自己的暴牙，只是张开嘴，尽情地放声歌唱。几年后，黛莉成了红极一时的歌星！

其实，人不可能十全十美，女人身上或多或少地存在着一些缺陷。大多数时候，女人害怕因为自己的缺陷而遭到他人的讽刺和嘲笑，所以费尽心思，想将它们掩盖起来。但这样遮遮掩掩，反而起到欲盖弥彰的作用。

其实，只要女人自身能正视自己的缺陷，就无需在乎别人的眼神。女人完全可以将缺陷大大方方地展现在别人面前，通过自己的努力，让别人忘记起你的缺陷，而将该意力集中到你的优点上。放弃自卑，选择自信的女人，不但会让自己变得更加美丽，也会让自己的事业和人生离成功更近一步。

美国潜能成功学家罗宾说："面对人生逆境或困境时所持的信念，远比任何事都来得重要。"这是因为，积极的信念和消极的信念直接影响创业者的成败。

积极的心态创造人生，消极的心态消耗人生。积极的心态是成功的起点，是生命的阳光和雨露，让人的心灵成为一只翱翔的雄鹰。消极的心态是失败的源泉，是生命的慢性杀手，使人受制于自我设置的某种阴影。女人选择了积极的心态，就等于选择了成功的希望；选择了消极的心态，就注定要走入失败的沼泽。女人若想取得人生的幸福，只有拥有了积极的心态，才能在纷繁复杂的社会中把准自己的航向，最终达到成功和幸福的彼岸。

婚恋悟语

积极的心态有助于人们克服困难，使人看到希望，保持进取的旺盛斗志。消极心态使人沮丧、失望，对生活和人生充满了抱怨，自我封闭，限制和扼杀自己的潜能。

清除尘埃，让心灵沐浴阳光

生活中更多的时候是平淡如水，游走在各个角落更多的是平凡的人。所以，女人不要苛求太多，多一些宽容，少一些猜忌；多一些理解，少一些埋怨。当岁月在生命的季节里轻轻地滑过，你会发现，能抓住的只有现在。珍惜现在，珍惜眼前，珍惜所拥有的一切，幸福就围绕在女人的周围，快乐就充满在每个角落。

许多女人都喜欢房子打扫后焕然一新的感觉，当她们拭掉门窗上的灰尘与地面上的污垢，把一切整理就绪之后，整个人都会觉得清爽起来。然而，你知道吗，外在环境需要及时打扫，心灵的尘埃更需要适时清除，否则只能使心灵不堪重负，拖累前进的脚步。

Sandra是某公司的董事长。多年来，她始终坚持一个习惯：每个周六早上，利用别人不上班的时间，把自己的办公室彻底清理干净，连一张废纸都不留。平常下班回到家后，她会在梳妆台前花一点时间，反省一天中发生的事，顺便计划明天该做的事。

Sandra很喜欢这种“向过去说拜拜”的清扫方式，把从前的自己做一个了结，然后迎接一个全新的开始。

Sandra自创业以来，每年的业绩都维持高增长。通常，人一站在高峰上，总是很容易得意忘形。Sandra却不是，她总是告诉自己“一定要让自己随时放空，重要的不是回头看，而是往前看，接下来的路该怎么走”。她知道，有一天假使风光不再，过去所有的辉煌都会一笔勾销。从前认为不能丢弃的东西，并不保证自己会珍爱一辈子，不论是过去的收藏、衣服、品位、嗜好、成就、地位、财富，最后都可能不再属于你。

Sandra经常被人问及：“你事业做得那么好，如果在事业与家庭之间做一个选择，你要选择哪一样？”她总是毫不考虑地回答：“除了家庭，我什么都可以放弃。”

对Sandra来讲，家就是最适合进行心灵大扫除的场所。她很反对一些人下了班之后到处找乐子，找地方狂欢，好像非得把所有的精力耗尽才罢休。她很怀疑，这样的人没有足够的休息，疲劳没有得到充分的缓解，将如何面对明天的工作和生活。

外人看Sandra，生活井然有序，而且总是神清气爽。她说，这得归功于自己每天勤于做“内在清扫”，所以，已经没有什么值得烦恼的事了！

可是，有时候某些因素也会阻碍我们进行大扫除。譬如，太忙、太累，或者担心“扫”完之后必须面对一个未知的开始，而你又不确定那些是不是你想要的结果，万一现在丢掉的将来需要时又拣不回来，怎么办？

心灵清扫原本就是一种挣扎与奋斗的过程。不过，你可以告诉自己，这一次的清扫并不表示是最后一次清扫。并且，没有人规定你必须一次扫干净，你可以每次扫一点，但至少在目前，你必须立刻丢弃那些会拖累你的东西，只有这样，你的人生才会更有意义，你才有可能轻装上阵，否则就只会葬送自己的一生。

有一位虔诚的信徒，每天都从自家花园采撷鲜花到教堂供奉。一天，当她送花到教堂，碰巧遇到神父从里面走出来，神父非常欢欣的说道：“你每天都这么虔诚以香花供奉，根据圣经记载，常以香花供奉，来世当得庄严相貌的福报。”

信徒听了非常高兴的回答：“这是应该的，我每次来您这里时，觉得心灵就像洗涤过似的清凉，但是每次回家后，心中就烦乱了。作为一个家庭主妇，如何在喧嚣的尘世保持一颗清净纯洁的心呢?”

神父反问道：“你以鲜花供奉，对花草总有一些常识，我现在问你，你如何保持花草的新鲜?”

信徒答道：“保持花朵新鲜的方法，莫过于每天换水，并且在换水时候把花梗剪去一截，因为这一节花梗已经腐烂。腐烂之后水分不易于吸收，花就容易凋谢!”

神父说：“保持一颗纯净的心，其道理也是一样。我们生活的环境就像瓶里的水，我们就是花，惟有不停净化我们的身心，我们的气质，并且不断忏悔，检讨，改掉陋习、缺点，才能不断吸收到大自然的食粮。”

信徒听后，作礼感谢道：“谢谢您的开示，希望有机会亲近您，过一段教堂中圣女的生活，享受晨钟暮鼓，菩提梵唱的宁静。”

人心如镜，照山是山，照水是水，女人需要时时反省，时时自视，时时自悟，不失自我，不失良知，不失睿智，不失真诚。这样方能成为一个潇洒、健康、快乐的女人，方能让一颗平常心时刻沐浴着阳光，享受生活的每一天。

婚恋悟语

女人心累人才累，人的心灵如同庭院，也要日日清扫，才不至于让灰尘包裹，失却灵性，失却原本的最纯真的快乐和幸福。

乐观一些，换个角度看问题

人生其实是一道风景，它在每个人的眼中都是不一样的，乐观的女人即使是在沙漠之中，也会看出别样的风景。换个角度看问题，人生将会达到“山重水复疑无路，柳暗花明又一村”的境界。

不经历风雨，怎能见彩虹。一个不曾经历过挫折的人，很难谈得上拥有真正幸福的人生。女人的成长，通常是由许多挫折组成的。就如口香糖广告所说：“幻灭是成长的开始。”

一个美丽的少妇跳水自杀，被正在河中划船的老者救起。

老者问她为什么寻短见，她哭着说：“我结婚两年，丈夫就遗弃了我，孩子又病死了。我活着还有什么意思？”

老者又问：“两年前你有丈夫和孩子吗？”

“没有。那时我一个人，自由自在，多么快乐啊！”

“你现在不也是一个人，和两年前一样自由自在吗？你照样可以快快乐乐啊！”

少妇心里一震，另外一个女人在恍悟和惊醒中诞生。自此，她再也没有寻过短见。

失去的也可看成是尚未得到的。与其为失去的伤心，不如追求尚未得到的。

对女人来说，好心态是很重要的。因为女人比男人更加感性，对待事物多于从感觉出发。所以心态是每个女人的必修课，如果一个女人有好心态，那么“女人的问题”将会大大减少。

玛丽的童年是在孤独之中度过的。由于草率成婚，这个匆忙建立起来的家庭没过多久就彻底破裂了，她不得不一个人承担起抚养两个孩子的义务。尽管她找到了一份工作，可那点微薄的工资哪够维持一家人的生活呢！

玛丽开始忧虑起自己将来的命运。她反复问自己，她是只配做个含辛茹苦地拉扯孩子、斤斤计较每一分钱的小人物呢？还是能成为自己的主宰？当她明确了自己的选择后，做出了决定：她一定要改变目前的窘境，要超越现在的自我。

于是，她进会计班学习，并找到一份好工作。白天她整日工作，晚上就去南麦塞德恩特大学上课，即使周末也不休息。

直到有一天，当玛丽发现自己对家庭装饰比较喜欢时，她就辞去了会计工作，把活动阵地移到了自己家里。她把家里布置得很漂亮，并且经常举行各种聚会。当活动进行到高潮时，她亮出各式各样的商品，然后向在场的人兜售，无疑，此举获得了成功。接下来，她成立了一个家用百货进口公司。不久，她又创建了家庭装潢和礼品有限公司，使自己跻身于商界。她的人生开始了新的篇章。

玛丽成了各种团体追逐的对象，许多社团组织都请她去演讲，好几个董事会挂着她的头衔，她还是第一位进入达拉斯商会的妇女。而玛丽之所以能取得这样辉煌的成果，就在于她在极其困难的条件下不甘自生自灭，决心要改变自己的生活。

用她自己的话说就是："我相信我一定能改变自己的世界。"她把这一积极乐观的信念贯彻到行动中，结果她成功了。

这就是换个角度看问题所导致的天壤之别。一念之差，结果迥异。相比之下，既然玛丽能凭借乐观和积极的心态改变自己的生活，一般女人为什么不能？行动吧！激发自身的无限潜能，做自己命运的主宰者，你一定能拥有一个快乐自信的人生。

婚恋悟语

各人有各人理想的乐园，有自己所乐于安享的世界，朝自己所乐于追求的方向去追求，就是你一生的道路，不必抱怨环境，也无须艳羡别人。

保持微笑，让幸福写在脸上

法国作家雨果说：“笑，就是阳光，它能消除人们脸上的冬色。”女人的微笑是世界上最美的表情，微笑是女人内心深处盛开的一朵花。把这朵花送给别人，既悦人又悦己，世界将更和谐美丽。有这样一个故事：

一家信誉特好的连锁花店，高薪聘请一位售花小姐，招聘广告张贴出去后，前来应聘的人有四五十个。经过仔细的筛选后，老板选出了三位女孩让她们每人经营花店一星期，以便最终挑选一人。这三个女孩长得都很漂亮，很适合卖花，她们一个有丰富售花工作经验，一个是花艺学校的应届毕业生，最后一位只是一位待业女青年。

有过售花经历的女孩一听老板要以实战来考验她们，心中窃喜，毕竟这工作对于她来说是驾轻就熟。每当有顾客进来，她就不停地介绍各类花的花语以及给什么样的人送什么样的花，几乎每一位顾客进花店，她都能说得让人买去一束花或一篮花，一个星期下来，她的成绩非常不错。

轮到花艺女生经营花店时，她充分发挥自己所学的专业知识，从插花的艺术到插花的成本，都精心琢磨。她的专业知识和她的聪明为她一星期的鲜花经营也带来了相当好的业绩。

待业女青年经营起花店，则有点放不开手脚，甚至刚开始还有点手足无措。然而她置身于花丛中的笑脸简直就是一朵花，从内心到外表都表现出一种对生活、对工作的热忱。一些残花她总舍不得扔掉，而是修剪修剪，免费送给路过的小学生，而且每一个买花的顾客，都能得到她一句微笑的甜甜的祝福——“鲜花送人，手有余香”。顾客听了之后，往往都会开心地回应她一笑，然后快乐地离开。尽管女孩努力干了一星期，但她的业绩和前两个女孩比还是有差距的。

出人意料的是，老板最终竟然选择了待业女青年。人们不解——为何老板放弃业绩好的女孩，而偏偏选中业绩差的？

老板自有他的道理，他说："用鲜花挣再多的钱也只是有限的，用如花的心情、如花的微笑去挣钱才是无限的。花艺可以慢慢学，经验可以慢慢积累，但如花的心情不是学来的，因为这里面包含着一个人的气质、品德和自信……一个真正懂得笑的女人，总能轻松穿过人生的风雨，迎来绚烂的彩虹。"

会微笑的女人拥有良好的心境，拥有强大的自信，她们心地平和，对人友善，这样的人拥有迷人的气质。对人微笑可以有效缩短你与他之间的距离，给对方留下美好的心理感受，从而形成融洽的交往氛围。

女人的一生虽有风风雨雨、艰难困苦，但生活的本身是美好的，不好的只是你的心情。任何人都会有忧伤痛苦的时候，只是有人不愿将消极悲观的一面表现出来罢了。以冷漠待人，就如同给自己的生活树起了栅栏，让自己孤立无援。而以热情待人，自己的生活将充满阳光，即使你的情绪再不好，也要努力克制，以免让自己的悲观情绪浸染了别人。生活并不相信弱者的眼泪，它只对乐观进取的人微笑，而在每个人的笑容背后，蕴含的正是一种积极乐观的精神。

一位学者说："对人微笑是高超的社交技巧之一，也是获得幸福的保障。只要活着、忙着、工作着，就不能不微笑……"为了让自己真正的快乐起来，为了让别人感受到你的快乐，最为简单的一个办法就是展示你的迷人微笑。世界上没有一个富有和强悍的人不需要微笑，也没有一个贫穷得无法通过微笑变得富有。微笑可以给一个家庭带来愉悦，可以为友谊传递友善的信息，可以为疲乏者带去一丝安慰，可以为悲观者带去阳光……一个懂得微笑的人，不但很容易理解他人，更容易被他人所理解。

微笑，一个简单得不能再简单的表情，却是女人最美丽的一种语言。把微笑送给别人，会体验到一种真正的愉悦，心情好了，幸运也会更多地光顾你。

保持微笑吧，自卑者需要微笑，自负者需要微笑，失意者需要微笑，浅薄者需要微笑，胜利者更需要用微笑来完成对生活的承诺。保持微笑，你的生活会变得更加丰富多彩而又富有意义。不论遇到什么事情，都请你保持微笑，安静地享受这份愉快吧！这就是人生。

婚恋悟语

女性最能打动人的就是微笑。如果你出门时忘记了化妆，那么最好的补救方法便是亮出你的微笑。因为，微笑的女人通常运气都不会太差。

乱发怒火，伤了别人害了自己

生气是用别人的过错来惩罚自己，女人若想得到快乐，得到幸福，就必须要拥有一个良好的心态，将生气拒之门外。一个动不动就怒气冲天的女人是很难有幸福的，而拥有良好心态的女人才会找到快乐的源泉。

从前，有一个妇女，常常为一些小事而生气，她也深知这样下去对自己不好，她便求一位智者为自己解脱，以开阔心胸。智者听了她说的话，一声不响地把她领到一间空的房间中，落锁而去。困于房子中的妇女气得跺脚步大骂不止，骂了很长时间，智者一点也不理会她。妇女无可奈何，开始哀求起来。智者仍旧不理睬她。最后，妇女发现所做的一切都是徒劳，就沉默下来。智者来到门外，问那个妇女："你还生气吗?"妇女说："我只是在为自己生气，会到这个地方来受罪。"智者听了，严厉地告诉她："自己都不能原谅自己，怎么能做到心如止水。"又过了许久，智者又问她："你还生气吗?"妇人说："不生气了。"智者问："为什么不生气呢？"妇人说："气也是徒劳。"智者这时说："其实，你的气还没有消，只不过是压在心理罢了，一旦爆发，将一发不要收拾。你还不能走。"

当智者第三次又来到关着妇女的房间里的时候，妇人主动对他说："现在，我不生气了，因为根本就不值得生气。"智者笑道："还知道不值得，可见心中还衡量，还是有气根。"夕阳西下的时候，智者立在门外，妇人便问智者："大师，什么是气呢？"智者将手中的茶水泼在了地上。妇人观察了好长时间，顿悟，拜谢智者而去。

何苦要生气？生气便是别人吐出而你却接到口里的那种东西，你吞下便会反胃，你不看它时，它便会消散了。

生气是用别人的过错来惩罚自己的蠢行。

夕阳如金，皎月如银，人生的幸福和快乐尚且享受不尽，哪里还有时间去生气呢？

当然，每一个人都会发怒，特别是在丧失理智的时候，甚至会怒发冲冠。即使是蠢人也有自己的脾气，但是并不是所有的人都能控制住自己的怒火。那些在怒火后能迅速降温的人才是有真智慧的人。没有什么比理解和宽容更能让一个人理智，千万不要因为别人的一点伤害而燃起自己的怒火，结果烧得最重的还是自己。

怒火是由自己燃起来的，理应由自己熄灭，只要你想熄灭，想给生活增加一些快乐的话，你就一定能熄灭，因为主动权掌握在你的手中。然而，有一些女人情绪不稳定常会为一些小事而突发其火，乱说话、乱摔东西，这就是"情绪短路"的一种表现。用电短路会损坏电器，甚至酿成火灾；情绪短路，既伤害别人，也伤害自己。主要原因是自控与转移情绪的能力不强。这种能力与智能水平有关，可说是"情感智商"。

人的情感在受外界刺激的影响下，会对人的心理和情感产生影响。每一种情感具有不同的等级，还有着与之相对立的情感状态，如爱与恨、欢乐与忧愁等。感情的等级越高，"心理斜坡"就超大，也就容易向相反的情绪状态转化。“心理斜坡”不但使人情绪不稳，且会间接、直接地影响健康。

美国的《生活》杂志上曾刊载说：“愤怒不止的话，长期性的高血压和心脏病就会随之而来。”发怒是人的一种本性，有权威资料揭示，一场暴怒可能会给人们带来长期的伤害。即使是自己真的受了伤害，发怒对自己也是没有任何好处的，由于发怒而产生的痛苦远远比事件本身带给你的伤害更严重。

要克服“情绪短路”和“心理斜坡”的不良反应，首先要重视自己的心理保健。首先要自觉地消除思想上的偏差，人生不可能总是高潮，更不可能事事如意，谁也要在平凡日子中生活，少不了要碰到麻烦事。关键是懂得放松自己，以平常心面对生活。只有这样，才能在不顺心时不致陷入烦恼的泥坑而不能自拔。只有善于保持良好心理状态的女人才能为自己营造出良好的生理状态，从而赢得“幸福人生”。

婚恋悟语

在生活中，由于别人的原因生气就是惩罚自己，或许是自己屈解了别人的意思而耿耿于怀的话，那就更不值了，而且是误会了别人，惹火了自己。

别让唠叨侵蚀了你的幸福

许多女人都有或多或少的嫉妒天性，总想把自己心爱的人牢牢地拴在自己的身边；女人有时也会喋喋不休，一有机会便唠叨个没完。其实这两点都是爱情的大敌，若想获得爱情的幸福，女人必须设法克服这两种腐蚀幸福婚姻的“毒药”。

托尔斯泰伯爵夫人也发现了这一点——可惜她明白的太晚了，在她去世之前，她向女儿们承认："是我害死了你们的父亲。"她的女儿们没有回答，却抱头大哭。她们知道母亲说的是实话。她们知道，是她们的母亲用不断的埋怨、没完没了的批评和永无休止的唠叨，把父亲害死的。

但是从各方面来说，托尔斯泰和他的夫人都应该是幸福的一对才是，他是最著名的不朽小说家之一。他的三本巨著《战争与和平》、《复活》和《安娜·卡列尼娜》，在世界文学史中永远闪耀着光芒。

托尔斯泰真是太出名了，当时崇拜他的人日夜地跟随着他，把他所说的每一个字，都速记下来。甚至连"我想我要上床睡觉了"诸如此类的只言片语。

除名望外，托尔斯泰和他的夫人还拥有财富、社会地位和儿女们。天下似乎从来就没有比这更美满的婚姻了。在开头的日子里，他们的幸福似乎是太完美了，太甜蜜了，使人相信一定会白头偕老。因此，两个人跪在一起，祈祷全能的上帝，永远不断地把这种幸福赐给他们。

然而好景不长，怪事发生了。托尔斯泰慢慢改变，变成了一个完全不同的人。他对自己所写的巨著感到羞愧，并从那个时期开始，他献身于写些宣传和平，以及废除战争和贫穷的小册子。

托尔斯泰的一生是一场悲剧，而之所以成为悲剧，原因在于他的婚姻。他的夫人喜爱华丽，而他却看不起；她热爱名声和社会的赞誉，但这些虚浮的事情，对他却毫无意义；她渴望金钱财富，而他认为财富和私人财产是罪恶的事。

多年以来，由于他坚持把自己著作的版权无偿地送给别人，她就一直地唠叨着、责骂着和哭闹着，因为她坚持想要那些书本所能赚到的钱。

当他不理会她的时候，她就歇斯底里发作起来，她在地上打滚，手上拿着一瓶药片，发誓要自杀，或者威胁着说要去跳井。

他们一生中的最后一次倾心相谈，可能历史上最令人怜悯的一幕。当他们刚结婚的时候，他们的确非常的快乐，但过了四十八年以后，他甚至无法容忍自己多看妻子一眼。有一天晚上，这位年华已逝而心已碎的女人，由于渴望得到热情，走来跪在他的面前，乞求丈夫为她大声读出他在五十年前为自己所写的一段充满浓情蜜意的情书。当他读了那早已永远逝去的美丽的快乐时光后，两个人都悲伤地哭了。现实的生活和他们早先拥有的罗曼蒂克之梦，是多么的不同！

最后，当托尔斯泰82岁时，他再也不能忍受家里那种悲惨的气氛了，于是在一个下着大雪的夜里，他逃离了家庭，逃离到寒冷的黑暗里，不知道该到哪里去才好。

十一天后，他因肺炎病死在一个火车站里。而他临死前的唯一要求是，不许她来到他的身边。

这就是托尔斯泰伯爵夫人唠叨、抱怨和歇斯底里所得到的结果。

每天我们都要面对很多错综复杂的事情，这些客观的事物都反映在我们的脑海中，有苦、有乐、有喜、有悲。唠叨便是发泄那些不满、不顺心、不顺眼等不满情绪的最好方式。

其实女人爱唠叨，也正是女人一种乐于表现自己、突显自己的原始天性的流露。但是唠叨过多的结局往往是事与愿违，越想通过唠叨来解决问题，越想通过唠叨来提醒自己的老公引起注意，反而越容易使老公反感。那么，女人该如何克制唠叨，让家庭生活环境更加愉悦和温馨呢？

要想克制唠叨，首先要放宽胸怀，少一些牢骚。就要增加自身修养，遇到不满的事情多用宽容的心态，来克制自己的不满情绪。在对待老公和他的家人时要提倡“委曲求全”，不要苛待人。要知道，谁也不愿意和爱挑剔的女人交往，谁也不愿意与苛刻的女人交心，谁也不愿意与碎嘴的女人交友。

另外，克制唠叨还要相互多一点理解，多一点温情。唠叨是家庭中的噪音，而这噪音的发源地往往来自家庭中的女人。做妻子的常常会因为一点小事或者一句不对自己心思的话语，而无休止地唠叨不停。

爱情的幸福来自于彼此的理解和支持，嫉妒和唠叨不会起到任何的作用，相反，它只会使爱情的裂缝越拉越大，家庭的稳固摇摇欲坠。女人如果想获得幸福的婚姻、美满的家庭，那就从停止唠叨开始，不要让唠叨侵蚀了自己的幸福。

婚恋悟语

女人的唠叨，是美满家庭的腐蚀剂，是破坏和谐乐章的杂音。也是破坏家庭的安定、损伤夫妻的感情、拆散快乐家庭的罪魁祸首。

幸福是一种心情，乐观是一种心态

幸福是什么？幸福是一种心情，一种感觉，是一种发自内心深处的愉悦，说到底，幸福就是一种人生态度。快乐是什么？快乐就是一种心态，女人要拥有好的心态，便会拥有快乐的心情，拥有了快乐的心情，女人便找到了幸福的真谛。

幸福并非是一颗美丽、难以寻觅的巨大宝石，无论付出怎样的努力也无法找到它；相反，它是由一系列普通而又细小的宝石所组成的珠串，它们散发出快乐和优美的光彩。幸福是一种积极的心态，是一种内在意识的追求，是一种心灵的满足程度。

法国著名艺术家罗丹说："美是到处都有的，对于我们的眼睛，不是缺少美，而是缺少发现。"

怀着欣赏的心情，去看待生活中的一切，才可能发现和体验幸福。

海上烟波浩渺，一弯新月淡如钩，几声虫鸣窸窸窣窣，花间蝶儿翩跹起舞，何处不是人间极致的风景？一个微笑，一份致意，一种欢喜，亲人的关爱，朋友的祝福，都构成了生活中最和谐的风景。何处不值得我们去欣赏？学会欣赏，学会体味生活，那么，人生处处皆快乐！

生活中并不缺少幸福，而是缺少发现和制造幸福的心灵。我们只有珍惜，懂得欣赏，身边所有的平凡都是幸福。这些平凡中的共同点就是乐观的心态，拥有乐观心态，能使女人获得更多快乐和幸福。

在城市，有霓裳倩影车水马龙高楼大厦的繁华热闹；在乡村，有小桥流水麦浪滚滚蛙声一片的淳朴宁静。

这也是一种乐观情怀，同样也是一种幸福。

这也是一种乐观心态，诠释的依旧是幸福。

生活就像一个万花筒，关键是看你用什么样的眼光看待它。因此，女人要学会拥有一个正确的视角，乐观地看待生活，才能发现生活很多原本的美好，才能获得更多更久的幸福。

西方有句名言："乐观是转机。"东方也有句名言："性格决定命运。"由此便能知道乐观性格的重要性。只要我们有着良好的乐观向上的人生态度，局面就会随之改观，低潮之后就是高潮，逆境也变顺境了。

澳大利亚人保罗天生就没有手臂，但他却靠着自己顽强的意志和坚忍不拔的努力获得了传播学硕士学位，还被邀请到世界各地的公司和学校演讲。他从来不问："为什么我天生没有手臂？"他只问自己："我怎样去克服它？"别人用手来做的事——梳理头发、点钱、开车、开门，他都用脚来做。保罗说："我用乐观的心态来接受我自己，没了这种乐观，也就没有今天的我了！"

事物都有两重性，问题就在于我们怎样去对待它们。乐观者对待事物，不看消极的一面，只取积极的一面。如果摔了一跤，把手摔出血了，他会想：多亏没把胳膊摔断；如果遭遇车祸，撞坏了一条腿，他会想：大难不死必有后福。

由此可见，性格不光决定命运，也决定我们一生的幸福与快乐。天生的乐天派，遇事多往好处想，按照乐观的思维方式去推理，哪怕是天塌下来也能扛着。相反，悲观的人，遇事多往坏处想，按照悲观的思维方式去推理，一点小事也可能痛苦很长时间。

大哲学家苏格拉底是一个有着快乐心态的人。在他还是一名单身汉的时候，他跟几位朋友住在一间7平方米的房间里，每天都很快乐。有人问他："那么多人挤在一起，连转个身都困难，有什么可快乐的呢？"苏格拉底回答说："能跟朋友们交流思想和感情，难道不值得高兴吗？"

当朋友们都成家搬走之后，他依然很快乐，因为他能安静地看书。楼上的人会不断地往下泼脏水、扔垃圾，但他依然快乐，他想到的是，进门就是家，搬东西很方便，还能在空地上养花种菜，生活充满乐趣。当他与一位住在顶楼，偏瘫的老人换了房子后，他想到的是，爬楼可以锻炼身体，高层光线好，看书不伤眼，视野宽阔……种种一切，换作是一个心态不豁达的人，岂不早就愁死了？

在纷繁的社会中，我们会遇到开心、幸福、痛苦和不如意，但只要我们能从事物积极的一面去思考，培养一个乐观的心态，就会发现，生活到处都充满阳光。

婚恋悟语

拥有了乐观的心态，人的心灵就像有了源头的活水，时时滋润灵动的眼睛，去发现幸福，欣赏生活的很多美好：姹紫嫣红、草长莺飞是美；大漠孤烟、长河落日是美。

心灵需要时常去呵护

人生五彩斑斓，充满了喜怒哀乐、酸甜苦辣。眩晕的幸福、冲动的激情、迷茫与困惑、苦闷与挫折，时时让人的心灵无法安宁。人的快乐情绪需要适时表达，烦恼也需要及时地倾诉，只有如此，人的心灵才会不断地得到宣泄与净化。女人，请给自己一个静下来、慢下来的理由，找寻心灵的安顿。

可以说，生存于社会之中的女性，承受着来自于就业、竞争、家庭、婚育等方方面面的压力。其中，就业与竞争是来自于社会的压力，属于外部压力；而家庭与婚育则是来自于女性私人生活的压力，属于内部压力。当今时代的女性，生存的环境是不可测的多变的、不稳定的，在公司时刻承受上司的苛责与迎接同事与下属的挑战，还有来自公司内外环境的变化，而更多的压力则来自于家庭，如：夫妻关系、婆媳关系以及对子女的教养问题等等。那些刚刚成家的女性正值工作的冲刺时期，又是婚育的最佳时期，这些年轻丽人常常是两边都无法兼顾，被这重重压力压得喘不过气来。

女人生活的每个阶段都有压力，只是性质与强度有所不同而已。这些压力永远都不会消失，就像空气与呼吸一样如影随形，无法逃避。女性在工作过程中，承受一定的压力并不是一件坏事，有了压力就可以刺激女性采取一些行之有效的办法来解决问题，在这个过程中，女性不但实现了目标，自身的能力也得到了锻炼，不但增长了自己的才干，更增强了自己克服困难的勇气与信心，女性又何乐而不为呢？

或许有人会说，当你面临的压力过大，它并不是你的动力而是你的阻力时，你又怎么能开心得起来呢？当女人遇到承受不了的压力时，不妨从这样的境地逃离出去，通过看看书、听听音乐、散散步等方法，让烦乱的心情慢慢地放松下来。

女性如何呵护自己的心灵呢？要从卸下自己的压力开始。看到别人升迁、发财你不必烦闷，凡事只要你自己尽力就好，有些东西是急不来也想不来的，与其无谓地烦恼不如多学一些知识、让自己的生活丰富多彩，让自己快乐起来才是根本。曾看过一个故事：

有这样一种小虫子，它无论走到哪里，都要把碰到的东西扛在背上，最后，它不堪重负，活活地被压死了。

人并不是小虫子，但人们在社会生活中的所作所为又像极了这只小虫子，他们把“名、利、权”统统都背在自己的肩上，还把它们深藏在心里，舍不得丢掉。如果人们学会了取舍，学会让自己时刻保持轻装上阵，懂得向人倾诉，学会发泄愤怒，学会释放自己的烦恼，学会善待自己的心灵，还会被压力压倒吗？

对于工作生活中遇到的事情，有一些是你能够控制的，而有一些是你无法掌控的。自己先辨别一下，对于那些无法掌控的事情，就把它抛之脑后，不要给自己增添无谓的压力，更无需做过多的考虑。

婚恋悟语

当女人懂得了如何为自己解压，她的肩膀就不会再沉重，心灵与身体便如天地间的精灵，尽情展露羽翼，自由而轻灵地飞翔于神秘而浩瀚的天地间。

第七章 做一个魅力女人，学会包装自己

三分美丽，七分装扮。如果说女人的美丽是由内而外散发出来的，那迷人的气质，学识、阅历、修养就是美丽之本；而容貌、服饰、装扮则是美丽之形。女人不一定要天生丽质，但一定要懂得如何打扮、装饰自己。让每一天的心情都随着可人的外表飞扬起来，让自己魅力四射，成为别人关注的焦点。

给自己保鲜，给婚姻保鲜

有很多女人都有一个共同的想法，那就是：结婚了，做妈妈了，没必要再像以前那样打扮自己了；或者家务太多，工作太忙，又不是年轻的小女孩了，素面朝天吧。就这样，在繁忙的生活中顾及不上自己的“颜面”问题，把原本的自己迷失在了忙碌的生活当中。

这个世界上只存在两种人，男人和女人。而相对于男人来说，女人最显著的特点之一就是“赏心悦目”。一个漂亮的女人是格外受到男人的青睐的，即使是已婚女人也不例外。试想，哪个男人愿意整天面对着一个头发凌乱、身材臃肿、皮肤油亮甚至满面疮斑的“惊人”妻子？即使这个女人再能干、再贤惠，恐怕也难以让自己的丈夫产生一种“秀色可餐”的满足感。

今年刚刚33岁的Brown太太最近遭遇了一场“婚变风波”，最后虽然是“有惊无险”，但想起来就让她满腹牢骚，气不打一处来。她的丈夫Brown先生一直在经营着一家大型的物流公司，30多岁，平日里风流倜傥，穿着讲究，香车豪宅，结交名流，经常出入各种成功人士举办的宴会、酒会等。而Brown太太自从三年前有了儿子开始就辞掉了原本的工作，在家里做起了全职太太。每天打理家务、照顾孩子是她的全部工作。可这个“工作”做起来并不容易，她每天都忙得不可开交，甚至连做个美容、打扮自己的时间都没有。

其实以前Brown太太也是个时髦、漂亮的姑娘，要不怎么会被眼高于顶的Brown先生追求了好几年呢！朋友们都开她的玩笑，说她嫁入名门不但没有变成贵夫人，反到成了“黄脸婆”。Brown太太总是自嘲地笑笑：“没办法，整日深居简出，再加上被孩子所累，人老珠黄了！”可是听了这样的话，她心里自然不舒服，经常对着镜子自顾自怜：“我真的人老珠黄了吗？”直到有一天，Brown先生带着她去参加一个宴会。宴会上形形色色的女人自然都打扮得时尚美艳，喝得微醉的Brown先生难免多看了几眼美女，这可点着了Brown太太心中压抑已久的火焰。回到家后她指着醉倒在床上的Brown先生大喊大叫：“你说！你是不是嫌弃我这个‘糟糠之妻’了？宴会上你那眼神都快飞了！”Brown先生被责问得不耐烦，加上酒劲使然，脱口而出：“是，你是黄脸婆，这日子不过了！”经过了几天的哭闹，最终Brown先生承认了错误，好不容易才平息了这场风波。不过Brown太太也已经明白了，自己需要改变。

爱美是女人的天性。一个女人的着装打扮也是一个女人自我格调、自我品位、自我气质和自我追求的外在显示。千万不要让婚姻和琐碎的生活迷失了自己，因为你要面对的不仅仅是婚姻和琐碎的生活，你还在这个社会、这个世界和自己的精神世界里扮演着重要的角色。一般来说，女人在结婚生子之前都是十分在乎自己的容貌、打扮等问题的。但是随着时间和身份的转换，很多女人往往会在潜意识里用“能干”、“贤惠”来替换自己原本在乎的“美丽”、“气质”。而这，其实是得不偿失的。

一个聪明的女人会懂得，做“贤妻”固然重要，但做一个“美妻”也是很有必要的。所以，女人就要对自己好一点。在繁忙的生活工作之余，不要忘记了要时刻保持自己的外在形象。做个美容，换个发型，来个SPA，你会发现，老公看你的眼神也会随之改变。

婚恋悟语

作为一名女性，你有“妻子”的角色，也有“妈妈”的角色，甚至有“家庭主妇”的角色，但是，千万不要忘记，你还有一个最重要的身份——女人。

让魅力在优雅中绽放

现今，人们喜欢用沉鱼落雁、羞花闭月来形容女人的美丽，然而，这些都是指容颜的美丽，这样的美只是过眼烟云，也许青春一过就消逝无踪了。而有些女人的美丽却能成为一种永恒，她们以优雅、含蓄的美装扮世界。优雅让女人无论在生命的哪个阶段，都能如花绽放。

那么到底什么是优雅呢？优雅是一种内在气质，优雅是一种风度，也是一个人独特的风格。一个优雅的女人，心静如水，弹指间尽是芳华，这是岁月的磨砺孕育出的由内及外的气质。就如《花样年华》中的张曼玉，有一点妖娆，有一点含蓄，安静得如同处子，回环往复的是一颗优雅的心。她着一身曼妙的旗袍，迈着轻盈的步伐，在巷口留一个修长的背影，在昏黄街灯下迷离着一双透彻迷茫的眼；三毛也是优雅的，她用文字勾勒自己的善良和执着，写出了撒哈拉大漠深处不朽的传奇；张爱玲更是优雅的，她用智慧剔除喧嚣孤岛上的雾霭，书写了凌驾于扰攘尘世外的离合和悲欢……

优雅无关年龄。生命是一个过程，每一个季节都有属于自己的美丽。从很大程度上来讲，并不是说你拥有青春、拥有生命的活力，就拥有优雅，一个女人的优雅是从骨子里透出来的，需要用心去感受。优雅就像是一道无形的光环，一种无以言说的高贵气质。在现实生活中，只有有了一定阅历的女人，才有可能拥有真正的优雅。

优雅的女人不一定漂亮，但是她们懂得如何修饰自己。她们不会粗枝大叶，对于细节的关注程度决定了她们会巧妙地掩饰小缺点，从而尽力显现自己的魅力。这样，走在大街上或者办公楼里，她们同样会赢得很高的“回头率”。

优雅的女人不一定张扬，但是她们懂得如何显示格调。即便长相平平，她们也会意气风发地对待自己和生活。比如着装，自甘慵懒、不修边幅的女人永远不会优雅，真正优雅的女人不会在着装上“鹤立鸡群”，但是她们清清爽爽、适合自己的穿着永远都那么富有格调，好像空谷幽兰，精致淡雅；又像月夜笛声，沁人心脾。

优雅的女人，可以没有惊艳的容貌，但不能没有清新淡雅的妆容；可以没有模特的形体，但不能没有匀称的身材；可以没有优越家境的熏陶，但绝对不能没有闲适恬淡的处世态度，不能没有忍耐、理解和宽容。

优雅的女人内蕴像茶，需要静心品味，才能齿颊留香；优雅的女人气质如莲，亭亭玉立，高贵脱俗；优雅的女人如通幽曲径，绿荫轻笼，沉静如诗，她的美丽不是一览无余而是永远让人充满无限想象。

内心的善良与包容是她们获得别人欣赏的制胜法宝。她们博爱，爱自己，爱家人，爱朋友，爱同事。心中有爱，所以她们绝不在一己得失上斤斤计较，倒是在倾听他人倾诉时真诚细心，那温暖的微笑，总会不经意间绽放在对方心灵深处。优雅的女人懂得信任与尊重，懂得理解与关怀。尤其对于自己的男人，她们也会调皮任性，偶尔耍小性子，但是她们更懂得男人需要什么，所以，她们成为男人在外拼杀之后的最稳固的堡垒与最温柔的港湾。

对于生活，优雅的女人有自己独到的见解，从不人云亦云；对于美丽，优雅的女人会用自己的知识与智慧逐渐充实完善。在前人今人的见识面前，她们懂得吸收和舍弃。对于过去，优雅的女人懂得不断审视，将最圣洁、最珍惜的东西分类整理到心中最柔软的角落，永不会忘记但从不在人前提起。对于困顿，优雅的女人会水来土挡，化有形为无形。

人群中那个最夺目的，不一定是优雅女人，因为太过张扬往往是肤浅的标志；大街上那个最青春的，不一定是优雅女人，因为青春如风很快就会消逝；镜头前那个最活跃的，不一定是优雅女人，因为优雅女人的美不是廉价的到处显现，她们懂得展示的最佳时机。真正的优雅，是一种气质，是能够自觉完善自己进而拥有的一种穿透岁月风尘的美丽。

婚恋悟语

优雅的女人懂得修饰仪表，懂得提高内在修养，更懂得如何为人处事。优雅让女人如花绽放，优雅的女人是同类中的尤物，让女人们欣赏，让男人们心仪。

女人要善待自己

懂得如何正确花钱的女人往往比只懂得辛苦赚钱的女人更美丽、更有生活情致、更懂得生活。如果不想被生活的压力把你过早地压得“人老珠黄”，那么，就松开你紧捂钱袋的手吧，让自己轻松起来。

sherry 大学毕业以后在纽约一家杂志社工作，工资不算高可也足够自己花销了。可是她一直都特别节俭，住的房子是公寓房；很少买衣服，就是买也从不买好的；化妆品对她来说更是奢侈品，她甚至都不知道很多的著名的化妆品的牌子；从不去外面吃饭，每天下班后都是自己做饭，经常是面条、馒头的对付；至于别的女孩子经常会做的美容，她连想都没有想过。其实 sherry 的家里条件很不错，虽然爸爸妈妈很早就离婚了，但是她妈妈的生意一直都做得很顺利。而她之所以这样节省就是因为不想过分依靠妈妈，毕竟自己的路要自己走。她的想法是，现在不养成一个好的理财习惯，以后难免“由奢入俭难”。春节的前一天 sherry 回了家，妈妈看到她的衣着打扮和消瘦了不少的模样就知道了女儿是怎样生活的。晚上躺在床上她和女儿聊了很多，她说：“小丽，你从小就节俭，现在工作了还是没变。有节省的理财意识是好事，但是不要节省过了头。你现在还不明白，我们是女人，女人的青春是最宝贵也最短暂的，你要知道爱自己，对自己好一点，要懂得对得起自己的青春，享受年轻的日子。你知道，我和你爸爸离婚前和你差不多，节省、朴素，很少打扮自己。离婚以后我才觉得后悔，觉得以前对自己不够好，苦了自己，从那时候起我就完全想开了……”听着妈妈的话，sherry 想了很多。

应该说这个故事中的 sherry 是个懂事的女孩，知道以后的路要靠自己来走，不想过分依赖妈妈，懂得节省懂得理财。但是，正如她的妈妈所说的那样，她也确实还不够成熟，不懂得生活。在漫漫的人生路上，她还有些青涩和稚嫩。sherry 的妈妈说得很好，女人，就要对自己好一点。

我们生活的这个时代和社会是讲求现实的，从某个角度来说，没有钱就什么都没有，有钱才能有幸福。所以，我们都有一种危机感，都在为了自己的“钱袋子”而奋斗。节省当然是好事，节省是一种理财观念，能不浪费的钱就尽量不去浪费，把它存进自己的“钱袋子”，积少成多，以备不时之需，这也是一种成就感。但是要注意，节省完全不等同于吝啬。吝啬是“小气”，是“欲望”，是“守财奴”，是被绝大多数人所不齿和排斥的。吝啬的人不懂得生活的意义，没有科学的金钱观。

其实，我们赚钱、理财的最终目的就是改善自己的生活质量，达成自己的物质需求，就是消费。钱本身是没有任何实际意义的，它只是一个符号，代表着一个“量”，这个符号只有在用于消费的时候才能产生现实意义。试想，如果你的银行账户上存在一笔巨额的存款，可以把它想象成几百亿甚至上千亿。这笔钱属于你了，归你所有，但你只有拥有权，没有使用权。你会作何感想？这笔钱对你有什么意义呢？所以，不要为了钱本身而吝啬，该花的就要花，把钱花在让自己觉得值得的事上面，这不是浪费，这就生活的意义。

也正如上面故事中 sherry 的妈妈所说的那样，女人要懂得生活，要珍惜青春，要对自己好一点。生命是短暂的，青春则更是转瞬即逝。女人，千万不能被金钱所奴役和驱使，为了节省而节省，而要做它的主人，让它实现对你应有的作用。钱远远没有你的青春、你的靓丽、你的快乐来得重要。把辛苦赚来的钱恰到好处地用于服饰、化妆品、美食、好友聚会、旅行上面，这不是浪费，而是你懂得生活、有生活品位和格调。否则，韶华易逝，青春易老，当有一天你拿着大把钞票却发现自己再也没有要花掉它的愿望和动力的时候，就追悔莫及了。

婚恋悟语

随着岁月的流逝，多么漂亮的珍珠也有变成鱼眼的那一天。女人也是如此，任凭你多贤惠多能干，一旦不懂得顾忌自己的形象，变成黄脸婆，家庭里多少总会潜伏着一些不安和危机。

女为悦己者容

倾国倾城的美人毕竟世间少有，女人没有必要为自己平凡的容貌而黯然神伤，女人只要懂得善待自己，懂得装扮自己，一样可以拥有迷人的魅力和属于自己的女人味。

如果问到谁是世界上最会化妆的女人，韩国的女人肯定名列前茅。女人每天早起一小时，从护肤、底霜到粉底彩妆，足足画上近十层工序才能完工，所以走在街头，随意就可看到无数美女，从发型到妆容，无不精致动人。

女人，天性爱美。以装饰自己，来吸引男人的目光。不仅为尊重别人，更为爱惜自己。女为悦己者容，道破了化妆的天机。由于现代生活中的社交活动频繁，生活节奏加快，工作压力的加重，使女人更加注重自己的形象。出席何等的场合就应该穿戴什么样的服饰，这样才能显得得体大方，才能成为众人关注的焦点。

女人的淡雅装束，给人以开朗、沉稳，具有极强的亲和力。不论是办公室里，淡雅之装的明朗与端庄，还是因交际而出席的晚会，自然的淡妆都非常得体而不矫作。时尚淡雅的装束更是优雅、简约、和谐并富有都市时尚气息的表现。

女人，用很薄、很透、很亮的淡妆，来展示自己的靓丽，这不但可以使自己闪亮起来，寻找到青春的气息，保持少女的心态，而且还使男人身心愉悦，何乐而不为呢！

在此，给女性朋友们介绍几种妆容：

1. 自然大方妆

淡而自然的妆才不至拘谨。妆面要透气，塑造脸部的立体感觉时，基础色只是用在关键的局部，而不能做大面积地调整。五官造型也不要刻意精巧，要力求粗犷，但应极有规有矩。眉要清晰见底，保留一点点杂毛可以增加生动感，眼睛上不用长线，不要留有明显的眼影色，鼻子不用化妆色，而是通过基础色来作局部定形。口唇可以化得大点，有言笑随意的印象，发型和穿着也不能太死板。

2. 干净整洁妆

妆面要干净整洁，许多不完美的地方和突出的特点，要在基础化妆的过程中得到改善和消除。少许的化妆色和少许的线条造型结合起来，以创造条纹清晰的眉毛、生动明亮的眼睛和庄重周正的嘴唇。嘴要是能善诱的，而眼睛是能倾听的。整个化妆看起来可亲可近，精力充沛。

3. 健康肤色妆

健康肤色妆型首先要求健康的肤色及恰到好处的血色。基础化妆强调立体感，眉毛应画得丰厚粗平，但应有型有款，突出有生气的个性。

4. 清新优雅妆

发式不要太狂太野，每一种发型都应有特定的性格内涵，麻花辫代表传统与天真俏皮，长波浪则有历经沧桑后的“成熟感”。而优雅是介于清嫩与成熟之间的完美状态，它反应在发式上通常表现为光洁低挽的发髻，不一定是规整的发髻，随意把长发挽起的小髻同样简洁、动人。

5. 显示品位妆

要想在平常闲散的妆型中显出品位来，需要很好的个人素养和妆扮技巧，这是一种非常个人的扮相，不像职业妆有一定的规范和要求，而完全体现了需要和理想。化妆要讲究自信，但决不应敷衍。用功夫化出来的妆，最后完成仍是淡雅的、温和的，没有一点火气，叫人不轻易看出你化了妆。配色要高级，要大面积的白和灰，再用一点点红和金点缀。质地要有细滑的感觉，用粉要好，扑粉手段也要好，加上丝一样的长发和丝袍及羊绒衫就产生了细滑柔软的印象。

淡淡淡的妆，却表现出浓浓的情。懂得化妆的女人，加上高雅的气质，谈吐的风趣，都会使男人心怡。因此心情也会随着淡雅而灿烂起来，心态也变得温柔而又甜蜜。女人因此会更懂得去享受生活、热爱生活。

婚恋悟语

恰到好处的妆容是体现女人味的一大法宝。其实，对恰到好处的最恰当的理解便是适合你自己。

“女人味”从何而来

女人味是女人至尊无上的风韵，女人味总是与高贵、温馨、精美的气质联系在一起，一个人的真正魅力主要在于特有的气质，这种气质对同性和异性都有吸引力。这是一种内在的人格魅力。有女人味的女人，更注重生活情趣，也更有魅力，使得男人魂牵梦绕。

一个有女人味的女人，她的内在优美气质，不仅可以令男人动情，而且也可以令女人倾心。失去女人味的女人就像鲜花失去了香味儿一样可怜可悲。征服男人的，不是女人的美丽，而是女人的味道。

温柔的女人最有女人味，不尖刻，内心柔软但又充满自信；芳香诱人，而又明亮妩媚。温柔的女人是幸福的，没有愁怨，更不会寂寞。爱让她的内心充盈而有力量，她明白自己的力量所在、魅力所在和快乐所在。她优雅的情怀与宽容的气度浑然一体，互相辉映。

声音是体现女人味的最佳途径，男人喜欢女人就是喜欢女人味。女人的声音是能够穿过男人灵魂的旋律，男人总会在自己最隐秘的思绪中细细地咀嚼女人的声音。

“闻其声，识其人”，有些女人经常受到男人的反感和抵制，细究其因，发现这些女人的声音过分骄横和虚伪。声音是女人的武器，女人应特别注意不要让声音伤人。男人本身迷恋女人的声音，但如果女人声音不谦和、不真诚，男人的自尊就会受到伤害，男人就会有骨鲠在喉的感觉。男人对声音的记忆非常特别，一旦他反感某种声音，一辈子也不会忘记。

有女人味的女人，她既成熟、优雅、自信与从容、还有品位，可是不可能每个女人都能够做到如此的完美，因此就需要不断地修炼与提高自己的内涵。你可以不漂亮，但是不能不细致；你可以不聪明，但是不能不温柔；你可以不优秀，但是不能不自信；你可以不性感，但是不能不优雅。

过日子的男人钟情的还是有女人味的女人，那就是女人的亲和力。骨子里没有谦逊品质的女人，那是表象的亲和，不仅让人感受不到温暖，还会觉得虚伪。在两性交往中，女人独有的亲和力是男人快速被拿下的武器，女人独有的亲和力是：发自内心的尊重、不俗不媚、宽容随和、通情达理。

然而，在生活中，有些女子却不懂得利用这种亲和力。我们经常可以听到妻子怒骂自己的老公，假如这位妻子是河东狮吼型的女人，估计整个楼道都可以听到她的怒骂声。但是这位妻子在发泄自己内心不满的同时，并没有意识到，这样做会给自己和老公带来多么严重的后果。

有一位男士，与一位没有见过的女孩见面前，通了几次电话。在电话中，女孩沉静温柔的声音给他留下了美好的印象。他觉得，有这样低缓柔软声音的女子，一定是优雅、温柔、细心的。这位男士自身的条件比较好，没想到还没见面仅仅是声音就把他降服了。

声音是女人裸露的灵魂。女人温顺富有磁性的声音能征服男人，越有阳刚气的男人越是会被温顺的声音所吸引。有人说声音是天生的，没有办法改变，其实不然，声音是可以训练和改变的。尖声尖气的说话让人感觉不成熟，这样的女孩要尽量放低声调，改用低缓、柔软的声调。

除了内在的气质修养和温柔体贴和亲和力，有一些妆容和发型的确会使你更有女人味。总之，充满魅力的女人味，是自内而外散发出的女性气息，温柔的、浪漫的、奔放的，无论是女性还是男性都为之神往。

婚恋悟语

女人味就像上天专门为女人量身订做的铠甲，它既能让芳华已逝的女人将自己的美丽延续下去，又能让充满斗志的女性永远洋溢着柔情。

微笑是提升形象的最好包装

在生活中，不能没有笑声，笑可以带来催人奋进的情绪，增强了人们的自信心。人们内心深处的乐观情绪和荡漾在脸上的笑容，都展示了对自我能力的充分认识与无比的信赖。斯坦福大学心理学家阿尔伯特·班杜拉曾经说过这样一句话："人们对其能力的自信心会对其能力的发挥产生巨大的影响。能力不是固定资产，弹性极大，关键是怎样发挥它。"因此，女性要多保持脸上的笑容，以增强自信，从而最大限度地发挥潜能。

在生活中，我们经常羡慕那些成天乐呵呵的人，却又总觉得现实中有太多烦人的事，哪有什么可乐的？其实，关键在于自己的心境和对人对事的态度，如果你消极处世，那么，再好的事也不会使你快乐，你总会找到事物有缺憾的一面。

古语有云"回眸一笑百媚生，六宫粉黛无颜色"。此言虽然不无诗人的夸张，但它曾让多少女性为之羡慕和神往。其实，哪怕你做不到"百媚生"的效果，但盈盈的笑意也能让你增姿添色。比如，现在的女服务员有一门必修课，就是学会微笑。因为服务员的微笑，能给顾客一种宾至如归的温馨感觉。生活中，女性时刻洋溢着的友好、真挚、楚楚动人的微笑，就能散发出无穷的女人味。再好的化妆品如果没有了微笑这一"精神化妆"妙法，就无法更好地显示出女性的女人味，只有那些具有丰富心灵内涵和较高文化修养的女性露出的笑容，才可以在他人心灵上留下美好印记。

在适当场合，女性的笑非常重要，它能够充分展示女性自身的最佳品位和高雅气质。

曾经有一位著名的公司总裁，在视察工作时，他经常会问下属："你今天对客人微笑了吗?"这个问题，也是我们每个女性朋友要时刻注意的。

这种微笑不能仅让人感觉是一种职业需要，通过你的微笑，要让对方感到一种自然的温馨、关切，这样可以有效地缩短与对方的距离，给对方留下美好的心灵感受，在人际交往中有利于形成融洽的氛围。

另外，还要学会随机应变，在任何场合下，以真诚的微笑来容纳每一个人，可以充分展示出你良好的修养和内涵。因此，我们应该学会巧妙地运用微笑，它是一门学问，又是一门艺术。

记住，微笑要发自内心，要自然、美好、真诚。切忌虚假造作的微笑。真诚的微笑会令对方感觉你是他最真挚的朋友，而且你在异性心中的气质会大增。

此外，微笑时要笑不露齿，斯文得体。尤其是在一些不熟悉的场合，当你对他人微微一笑，哪怕是陌生人，那么人与人之间的关系就变得自然。微笑属于淑女，易使人产生好感，拉近距离。

媚笑，也是笑不露齿，但眼睛斜视。这种笑不能随便使用，一般是对丈夫、情人或心爱的人，否则会引起误会或想入非非。但这种笑许多男性愿意接受。

爽朗的笑最能给人以愉快开心的感觉，易获得好感。但不要拍手拍腿，以免显得粗鲁，除非是和一伙非常熟悉的朋友在一起。这种笑是笑出声，有时会笑得前仰后合。但如果是在社交场合中最好不要笑得太过分，否则，会显得轻浮、随意。

瞬间的笑介于微笑和媚笑之间，可以表示附和、同意、赞赏和鼓励等意思。

女性不同的笑具有不同的气质，若能恰当采用各种笑，不仅能表现出自己的涵养、气质，同时也可增强自己的亲和力。

另外，还有"二号微笑"，一般是指舞蹈演员在舞台上表演轻松欢快的舞蹈时要保持的笑容。但要“笑不露齿”，不出声，脸上挂着笑意这种微笑，让人感觉心情轻松愉快。

笑眯眯的人在社交场合，总可以吸引别人的注意，也可使自己及他人心情轻松些，这种微笑带来的气质是无法抵挡的。

有些女性因为怕给脸上带来皱纹，遇到开心的事也不敢笑，其实根本没有必要。香港美容专家陈女士说，她自己就爱笑，而且还要笑得美，这种精神化妆法对增添女性的女人味也是非常重要的。如果我们能够永远保持豁达乐观的笑容，不仅有益身心健康，而且也会推进事业的成功、家庭的和谐美满。

婚恋悟语

微笑可以使强者变得温柔，使困难变得容易，微笑所具有的女人味是人际交往的润滑剂。

善良是女人最美的服饰

有人曾说：“女人的美德，应首推善良的心灵。”“真正够水准的女人，她聪明、柔美、清秀、妩媚、有深度、善解人意、体贴自己心爱的人，她的可爱是毫不嚣张的，她像空谷幽兰，只是不容易被发现而已。”试想，一个女人如果心胸狭窄、心地险恶的话，无论她有多么曼妙的外形、多么动听的声音，别人也不会长久地欣赏她的。即使开始会有一些男士迫不及待地追求她，但一旦认清她的“庐山真面目”，就会对她避而远之。

在人生这个多姿多彩的大舞台上，每个人都是自己的主角，演绎着自己动人的故事，每个人都希望自己像磁铁一样，牢牢吸住对方的眼球。女人更是如此，为了使自己变得富有魅力，女人们会用着高档亮丽的化妆品，穿着华丽的服饰，正可谓是爱美之心人皆有之。然而华丽打扮下的美丽与娇媚容貌的美丽都经不起时间的打磨，都只是暂时的；唯有那些拥有善良美德的女人才让人久久不能忘却，善良的女人永远是最美丽的。对于女人，不管是否漂亮是否聪敏，倘其心底里卧着一条毒蛇，那就无论如何也难让人喜欢；相反，倘是在那并不漂亮也并不聪敏的目光中时时地流溢出来善良，那就无人不会喜欢。

有一位在洛杉矶工作并成家的男士，一次突然接到住在加州乡下老家亲人的信，信中说："今年水灾严重，家中的房屋被水冲塌了，好在你及时汇钱过来，现在房屋已重建了。"看到这里，他顿时懵了，他根本就不知道乡下老家发生水灾，更别提寄钱给家里了。当他问起妻子时，只听她说："我接了信，就把钱寄过去了，本想告诉你了，但是后来忘记了。"妻子调皮地对他笑了笑。她的这一举动，使得丈夫感动不已。于是他在心中暗暗发誓：从今以后，更要好好珍惜这样的爱妻。

女人的善良是伟大的，它使得夫妻关系、家庭关系、社会人际关系都保持着良性循环，而自己也从中获得收益。

善良是女人的优点，然而没有原则的善良很容易纵容别人的缺点，有时女人没有尺度、没有原则的善良是错误的。如果有人说一个人"太"善良，其实就是说那个人有点"傻"。当然傻人有傻福，正是因为傻才可爱才被信任。可是话又说回来，女人要在坚守善良的同时增强自己的判断力。善良也是分对象的，不要对一切你不信任的人伸出援助之手，以防自己上当受骗。同时，也不要滥用善心，对那些四肢健全、头脑健康的乞讨者献出爱心，是没有必要的，要知道他们比你还要富有。对朋友掏心掏肝地付出，你却不知那个最终出卖你的人就是他，你对爱人的无私付出，极有可能会纵容他自由过度。这一切的后果，都必须由你自己承受。

拥抱善良的女人，不但会拥有一种美好的感觉，更会拥有一种亮丽的情怀，平凡的生命也会因此生动鲜活起来，普通的世界也会渲染出迷人的色彩。

婚恋悟语

善良的女人是有魅力的，她能够让每个与她相处的人不仅无需戒备，而且会特别放松。善良的女人会设身处地为对方着想。

自信的女人最具魅力

女人要求得一生的幸福，就一定要自信。如果连自己都不相信，那还能让谁相信呢？如果一个女人觉得自己是美的，她就会因美的愉悦而容光焕发，即使对她的身体与化妆大可挑剔，你仍得承认她是美的。

生活中，不是每一个女人都有幸拥有漂亮的脸蛋和迷人的身材，一个女人她可以相貌平平，但是，她绝对不可以没有自信，她一定要常常把自信写在自己的脸上。自信是女人最好的装饰品，它会让你时刻焕发光彩，给人以心动的吸引力。

在一个小镇上，有一个非常贫穷的小女孩，她失去了父亲，和母亲相依为命，靠做手工维持生活。她抱怨命运的不公，为什么偏偏把她降生在穷人的家里。别人家的孩子都有好衣服穿，有漂亮首饰戴，唯独自己没有。这个女孩非常自卑，这种自卑一直伴随她长到了18岁。

在她18岁那年的圣诞节，妈妈破天荒地给了她二十美元，让她用这些钱给自己买一件礼物。她欣喜过望，但是仍然没有勇气从灯火阑珊的街道上大大方方地走过。她捏着这些钱，绕开人群贴着墙角朝商店走去，一路上她看到所有的人都比自己穿得好，心中不无遗憾地想，我是这个镇上最抬不起头来、最寒碜的女孩。当她看到自己特别心仪的小伙子，她又酸溜溜地想，今天晚上盛大的舞会上不知谁会成为她的舞伴呢？

她就这样躲着人群走着，不知不觉就来到了一家商店。一进门，她看到了货架上摆着用缎子做的头花、发卡，惊呆了！正当她在那里发呆的时候，售货员小姐对他说："小姑娘，你的亚麻色的头发真漂亮！如果配上一朵淡绿色的头花，肯定漂亮极了。"她看到价签上写着十六美元，就说："我买不起，还是不试了。"但这个时候，售货员已经把头花戴在了她的头上。当这个小姑娘看到镜子里的自己的时候，异常诧异，她觉得这一朵花使她变得像天使一样美丽。她不再迟疑，掏出钱来买下了这朵头花。

她的内心无比陶醉、无比激动，接过售货员找的四美元钱后，转身就往外跑，结果在一个刚进门的老绅士身上撞了一下。她好像听到了那个老人在叫她，但她已经顾不上这些了，就一路飘飘忽忽地往家跑。在小镇最中间的大道上，她看到所有人投给她的都是惊讶的目光，她听到满街都是夸她漂亮的声音。她又一次遇到自己暗暗喜欢的那个男孩，那个男孩竟然叫住了她，并且说："不知今天晚上我能不能荣幸地请你做我的舞伴？"这个女孩简直心花怒放！她想我索性就奢侈一回，用剩下的这四美元再去给自己买点装饰品吧。于是，她又一路飘飘然地回到小店。刚一进门，那个老绅士就微笑着对她说："孩子，我就知道你会回来的，你刚才撞我的时候，这个头花也掉下来了，我一直在等你来取……"

既使你的容貌远远达不到所谓的"佳人"，才华也远远达不到所谓的"才女"，只要你努力做到自信、自爱、自强，也仍然可以寻求到那一份属于你的魅力。温柔、细腻、大方、善良、宽容，以及待人彬彬有礼、通情达理，以真诚和友谊对待周围的人，用爱心和热心帮助不幸的人，以坚强迎接生活中经受磨难的人，为人落落大方，适时地自然微笑的女人，都具有无穷的魅力，且给人的印象更深刻、更美好。

有这样一句名言："这个世界是由自信创造出来的。"的确，自信是成功的源泉，信心的力量是惊人的，它可以改变恶劣的现状，造就令人难以相信的圆满结局。拥有信心的人永远击不倒，他们是人生的胜利者。当一个女人对自己没有信心的时候，她的美丽已经大打折扣了，有一句话是这么说的："一个女人最悲哀的不是男友或丈夫的背叛，也不是没有爱情的滋润，更不是成天以泪洗脸，而是失去了自信。"是的，因为那份自信，她们会在瞬间变得光彩耀人、淡雅高贵；因为那份自信，无论在哪个场合，她们都是最耀眼的那一颗星，散发着独特的光芒。而且她们永远不会因为容颜的衰老而失去自己的魅力。

自信的女人所表现出来的气质是一种执著与坚定，足以让她们骄傲地宣称："我是最棒的！"自信是女人一生最珍贵的财富，如果我们都能充满自信，便能创造人间的奇迹，也能创造一个最好的自己。

婚恋悟语

世界上没有十全十美的女人，每个女人都有自己独特的美，所以女人要善于发现美、挖掘美，学会了解自己、欣赏自己、热爱自己。

女人，不要吝啬你的温柔

人们常说："男人似山，女人似水，男人应该像山一样挺拔，女人应该像水一样温柔。"男人身上透露着阳刚之美，而女人则流露出阴柔之美。富有智慧的女人，往往会充分利用女性温柔的优势和特长，在解决问题时既保留个性又不失风度还兼具魅力，这都是恰到好处运用温柔所取得的效果。

温柔女人对待男人的弯弯肠子里的"私房钱"、"狐朋狗友"之类的小九九，会故意懒得理会、睁只眼闭只眼地表示宽容。而当她面对怒气冲天、暴跳如雷的男人时，会回以一个微笑，不动声色地体察他发怒的根源所在，然后顺势而为，化解重重难题。当她面对心情沮丧的人时，会用鼓励的语言帮助他重拾信心，让他重新振作，远离焦躁的坏情绪，勇敢地面对生活。温柔女人会审时度势地施展温柔的姿态。当遇到艰难困苦，她的姿态是柔韧的，这种柔韧可以使身边的人感受到力量；当身处平顺祥和的舒适岁月里，她的温柔便会表现出一种脆弱，婀娜无助得让人忍不住想扶她一把；当面对别人的温柔时，她则表现出一种慈祥，让他人安然于这份温柔的纵容。

男人不愿意让女人看到自己脆弱的一面，温柔的女人懂得表达自己的关怀，如果感觉对方有倾诉的欲望，就会安静地坐在他的身旁倾听他的烦恼。如果感觉对方想独自一个人静一静时，就轻轻地为他关上房门，给他独处的空间。这种体贴是一种真正的关切，是用自己的心设身处地地忖度他人的心情和处境，并给予关怀与爱护，面对这样一份浓情蜜意时，再冰冷的心也会被融化、被温暖。

女人的温柔并不是懦弱，因为爱、因为理解，她可以忍受男人的坏脾气，可以不急躁、不粗鲁、不固执，但并不代表着毫无主见，任人摆布。她们顺从但不盲从，不是凡事一味地“是、是、是”，在顺从之前，她早已将问题考虑得清清楚楚、明明白白，已经认同了对方的做法，才会尊重他的决定。

女人的柔情在男人的心中是一道永远亮丽的风景。这道风景里充满优雅淡静的诗意，充满温情含蓄的微笑，充满善解人意的抚慰。没有人会不喜欢这道风景，欣赏这道风景。女人的温柔可不是娇滴滴、嗲声嗲气。娇滴、嗲声嗲气是假惺惺，是故做姿态。温柔是一种美德，也是一种力量。温柔像春天的蓓蕾，点缀着人生；温柔像夏天的树荫，能使人消散心头的忧愁和烦恼；温柔像秋天的果实，给人们带来幸福和欢乐；温柔像冬天的暖阳，给人们带来温馨和喜悦。女人的温柔是一种高贵的气质，是一种爱自己与爱他人的能力，不是生硬地表演出来的。而温柔是真性情，是骨子里生长出来的本能的东西，它柔情似水，楚楚动人。

美国著名诗人沃特曼在《女人》一文中对女性的温柔作了绝妙的

描绘："我以为艺术的女人第一是她的温醉空气，使人如听着箫管的悠扬，如嗅着玫瑰的芬芳，如躺在天鹅绒的厚毯上。她是如水的蜜，如烟的轻，笼罩着我们。我们怎能不欢喜赞叹呢？……"可见，女人最能打动人的就是温柔。

婚恋悟语

女人的温柔是一种体贴，她把这种体贴化做一杯热茶或是热咖啡，当他工作了一天，身心俱疲进门的时候，递上了这份"体贴"，即使他的心情再不好、受的挫折再多，这份"体贴"对他而言也是莫大的抚慰，他会如沐春风，将一切烦恼抛之脑后。

内在美才是长久的美

在现实生活中，也许你是一个年轻漂亮的女人，有一副楚楚动人的容貌，长得亭亭玉立，在各种场合都受到男人的青睐。但是，你所拥有的美丽外表，会随着时间的推移而不复存在。一个人的外在容貌不可能一辈子吸引人，因为人会老，总有色衰的时候。

女人外在的美是短暂的，心灵美才是长久的。你老公爱你，可能不是你的外表，他更欣赏你的人品，你的善解人意，你的爱心，你博大的胸襟，你的气质、风度、智慧、自主、自信以及对美的不懈追求。这些构成了你生命的全部内涵，你就像一幅很有内涵的画，外表是一道潇洒的风景，隐藏在内心的则是某种与众不同的境界。

女人的魅力不仅反映在青春和美貌上，而且也深藏在气质中。如果你看见老公跟美女谈话，就会暗自伤心，在一旁醋意大发，跟那个女人过不去。这便证明你对自己没有自信。

在遥远的东方国度就有这样一个神奇的女人——钟离春，她相貌长得并不出奇，而且还很丑陋，年逾四十，尚未出嫁。可是，她并不因此而自卑，而是对自己充满信心，并以自己的胆识和才学，竟然向齐王求婚。她举止端庄，侃侃而谈，吸引了齐王，让齐王从敬重她，转为爱慕她，终于立她为后，并与她共同治理国家。

由此可见，修炼心灵美比外表美更重要。如果你相貌长得一般，不要自怨自艾，你要明白，真正吸引老公的，是你的独特个性和精神内涵。

中国大学者文怀沙先生就曾经对几位女作家说过这样的话：女人可以略输文采，不可稍逊风骚。

这里所讲的“文采”泛指女人的修为和内涵。而所谓“风骚”，多数现代人理解为女人味。女人味，是专属于女人的，也是女人的魅力之所在。女人味之于女人就像鲜花之于香味，明月之于清辉，所以做女人一定要有女人味。女人有味，三分漂亮可增加到七分；女人无味，七分漂亮会降至三分。女人味让女人向往，令男人沉醉，男人无一例外地会喜欢有女人味的女人；女人征服男人的，不是女人的美丽，而是她的女人味。

假如，一个女人缺少女人味，她能给男人带来生活的乐趣和男女之间的性趣吗？一个不能给男人带来快乐的女人，男人愿意和她在一起吗？道理显而易见，所以，女人一定要保持心理年轻，享受两人世界，一定要“风骚”。女人说话的声音不一定柔情似水，细若游丝；容貌也未必沉鱼落雁，闭月羞花；但是，穿着打扮要健康自然，昭示时尚生活理念，尽显女人的性感和魅力。所用的一枚戒指、一条项链、一个发夹，都蕴含着独具匠心的审美情趣。喝酒，意不在醉，是为了体验生活，寻找一种特殊的感觉……风骚女人在男人眼里魅力无穷，是吸引男人的“百慕大三角”。只要男人遇到这种女人，想逃也逃不掉，只好乖乖就犯。

“美德好比宝石，它在朴素背景的衬托下，才显得更美丽。同样，一个打扮并不华贵、却端庄安静而又有美德的人，令人肃然起敬。”培根曾经这样说过。虽然文字不多寥寥数语，但他却告诉我们："心灵美才是真正的美，外貌的美只能取悦一时，内心美才能经久不衰。"

婚恋悟语

拥有漂亮的容貌是女人的一大资本，假如女人再拥有良好的内在气质和精神修养，则堪称是完美的女人，这样的女人足以让男人爱慕一生。

第八章 生活离不开激情，但亲密绝不只是肌肤之亲

爱与性是男女之间一种情感的催化剂。性是婚姻生活中，夫妻双方最重要的精神沟通方式。如果说，爱情是婚姻的支柱，那么性爱就应该是爱情的根基。性与爱是分不开的。夫妻之间的拥抱、亲吻、抚摸，发生性关系，都是一种爱的语言。它能使你更清楚地明白男人的爱意，也让你更加清楚地体会到爱的愉悦和幸福感。

有性才有爱，才有幸福婚姻

有一个心理学教授问他的学生："由爱你们想到什么？"80%的人想到了性。

毫无疑问，男人和女人都需要性。不要再说诸如"婚姻有爱就够了"之类的空话，这些对爱情的溢美之词在现实的婚姻面前显然是没有什么价值的。婚姻应该建立在爱的基础之上，但抛开了性的爱情只能是水中花、镜中月，虚幻得很。

相信大多数婚姻幸福的人都承认：完美的婚姻除了有爱必须还要有性。性爱能让女人更加确定男人对自己的爱，让女人始终保持爱情的活力；性爱可以激发男人的成就感，让男人充满激情和自信。

性爱是婚姻的必要成分，不仅能增进夫妻之间的沟通和感情，而且还能促进夫妻双方心态和身体更加健康。和谐的性爱对健康也是大有裨益的。性爱不但能优化各脏腑和组织的功能，还具有扩张动脉血管，促进血液循环、性激素的分泌，活动筋骨，增强免疫力等多种功效。

性爱的过程也是一个释放压力、宣泄情绪的过程，规律的性生活可以使人从紧张的工作和巨大的精神压力中解脱出来，有助于培养乐观情绪和增强生活的自信心。当女人情绪低落时，当男人失败受挫时，只要一次完美的性爱，一切不和谐就会全部消失。这就是性爱的魔力所在。

在有的女人眼里，认为男人的性爱，就是做爱，很简单没有夹杂其他的成分。其实，这些女人并不明白，做爱对于男人来说仅仅只是一方面，他们更需要的是多方面的情感交流。有时候，男人所需要的就是拥抱、接吻或者说说贴心话，仅此而已。他们对性的要求，没有妻子想的那么单一，只是发泄自己的欲望而已。

性爱是很美妙的运动，没有人否认性爱的美好。但是，这种美好的感觉，一定要夫妻双方真情合力做出来的爱，而不是单方面为了发泄而施展出来的欲，更不是一方施加给另一方的痛。

别让性爱成为负担，不要勉强伴侣行房事，男人和女人性能力或多或少都存在一定的差异，而且也会因为年龄增大而衰退。另外，易受工作、情绪、健康等的影响，男女性欲差异总是存在的。所以，不能要求伴侣完全保持一致，否则久而久之会失去对性爱的兴趣。

性爱是夫妻之间亲密接触的最佳体验，是增进夫妻感情不缺少的交流方式，不要让性爱成为夫妻之间的负担和责任。这样是对性爱的不公平，也是对婚姻的不负责。

然而，在性表达方面，由于女人天生腼腆，多数比较内向，许多妻子都羞于向自己的老公说出自己的性需求。其实，性爱并不一定要对老公说出来。可以采用引导的方式，让自己的男人抚摸敏感的部位，用“无言”和“接受”，来表示自己有性爱的要求。

当女人希望有性爱要求时，一般情况下是无需用语言把它表述出来的。性爱生活需要气氛，有了良好气氛才易于动情。特别应注意肢体语言，这种无声的语言即使向老公表示自己有性爱的要求，也是性爱前最好的调情手段，若运用巧妙，可以加速一段恋情的温度。抚摸是一种无声的情感交流方式，避免了在表达感情时，由于羞涩或用词不当而产生的尴尬。女人对抚摸更为敏感，更容易动情，也更希望能经常享受到抚摸的欢快。女人在男人抚摸的过程中，会对男人传递讯号，鼓励男人对自己发动性的攻势。假如直言不讳地喊出来，立刻就会破坏气氛，使人觉得这种性爱就是例行公事。

丈夫希望能更好地满足妻子，但绝对不喜欢妻子掌握时间，如果妻子直接说出来，结果可能是丈夫把这件事情写在日常工作清单上。事实上让丈夫采取主动也没有什么不好，这会让妻子感觉到自己更美丽，更性感。

俗话说“夫妻没有隔夜仇，床头吵架床尾和”，相信其中一定包含着性爱对婚姻重要作用的道理。没有哪一对夫妻能相处得一点矛盾都没有，也没有哪个丈夫或妻子能够完全接受对方的缺点。那么，夫妻靠什么维持婚姻、维持对对方的依恋呢？当然要靠性爱。

婚恋悟语

有性无爱的婚姻是悲惨的，但有爱无性的婚姻也同样是不可能幸福的，只有有爱有性的婚姻才是完美而和谐的。

留住男人的心，才能把握幸福婚姻

性是婚姻生活中夫妻双方最重要的精神沟通方式，如果说，爱情是婚姻的支柱的话，那么性爱就应该是爱情的根基。大概所有的男人都希望自己的老婆在外是淑女，在自己的床上是荡妇，这话差不多也是真理。女人要懂男人追求新奇的本性，让男人一辈子研究你，而你总能给他征服的快感，他才会感觉到你是迷人的女人，他才是真正的男人。

性爱是夫妻生活的一部分，也是呵护幸福婚姻的一个很重要的因素。要使自己婚姻的新鲜度实足，那性爱的激情就不能减。

走进婚姻殿堂的男人，都希望从妻子那里获得爱恋、快乐、轻松的感受，享受家庭的幸福，也希望卿卿我我的浪漫。男人同女人一样，他们越是含情脉脉，性爱快感越能得到满足。很多结婚多年的男人，最怕妻子不理解自己对浪漫的需求，说自己没有男子汉的气概，于是硬摆出一副阳刚的模样。

当你的丈夫向你发出性爱要求的时候，如果你说：“不行！不行！”“我今天太累了，明天在说吧！”等推辞的理由，可是在心里却很想和老公一起做爱，但是由于自己是女人，不能太过于表现自己的性爱，让自己的男人，觉得自己很轻浮。或者是因为对老公的某些事情的处理方式很是不高兴，而用性制裁的方式，来惩罚自己的老公，在性爱时而装出很冷淡的表情，这会使你的男人感觉做爱索然无味，这也就失去了性爱的意义。

假如是因为羞怯，那就应该这种羞怯的心理，积极地追求美妙新鲜的性爱感觉，在心爱的男人面前，放下做淑女的形象，而是尽情地疯狂。这样，女人可以激起男人更大、更强的性欲，使自己和老公得到最大限度的满足。

在做爱前，女人不妨制造点浪漫的氛围，如朦胧的灯光、轻柔的音乐、穿件半透明的睡衣等。这些都能在某种程度上激起丈夫的性趣。你还可以尝试一些新花样，如在不同的时间、不同的地点、以不同的姿势做爱。这会让彼此之间获得更大的欢悦。同时彼此更了解对方的需要，让两个人真正达到身心合一。

一对相爱的夫妻，除了希望能够天天见到对方之外，还希望能够靠近对方，触摸对方的身体。夫妻之间的拥抱、亲吻、抚摸，甚至是发生性关系，都是一种爱的语言。它能使你更清楚地明白对方的爱意，也上你更加清楚地体会到爱的愉悦，当夫妻二人的身体和灵魂都融为一体时，就会出现一种奇妙的、不可思议的感觉。这种愉悦的感觉不单是精神上的，也是肉体上的。

但是，有不少女人未能正确认识性爱行为的一些表现。她们认为性爱应当是男人主动，当自己有做爱的欲求时，当自己对男人的抚摸和做爱方式感到不舒服时，当男人满足后倒头就睡，却把正在兴致中的她晾在一边时，都羞于向男人表示出来。她们甚至觉得做爱时发出声音很难为情，出于这种心理障碍，便缺乏应有的配合和反应，从而导致男人觉得与你做爱索然无味。有的男人埋怨说，自己的妻子做爱时就像是“死人”一样。她们只能接受最平常的体位和方式与丈夫做爱，当男人提出采用其他的方式时，她会觉得很下流而拒绝，并认为自己的男人一定是受了色情录像的影响，学坏了。

聪明的女人应该学会在夫妻关系中扮演好自己的性角色，大胆享受激情。你要知道男人的阳刚之气是在女人的阴柔之美中被激发出来的。千万不要认为性只是婚姻生活中的义务劳动。不少男人私下表示，讨厌那种仅仅为尽义务而“献身”的女人，她们冷冰冰、干巴巴的，似乎没有知觉，有的甚至在做爱时，还想着她的家务活。这可能是因为传统观念在作怪，于是便带着某种压抑，去做那件本可以无限放松的好事。实际上，女人的调情，会让男人热血沸腾，难以自禁。在这方面两个人的交流更加重要，女人首先应该放下羞怯的心理，坦诚积极地追求美妙新鲜的感觉，这样才能帮助爱情历久弥新。

每位女人都希望他的丈夫能愉悦、满足，尤其是性爱方面，而表示爱的亲密行为本来就是两个人一起做的，彼此间要有往来与互动，女人不应该一直处于被动状态。女性若不知道如何使男性产生快感，只是像一块木头般一动不动，这样的性爱既称不上圆满，久而久之，对婚姻会造成若干程度上的影响。

所以，为了达到感官上的享受，完美的性爱需要男人和女人很好的配合。做爱时需要女人放下女性的矜持，在床上适当地做个荡妇，可以激起男人的雄性，并可延长性爱的时间。完美的性爱对增进两人的情感和滋润爱情有着不可或缺的关系。只有这样才能让心爱的老公永远死心塌地地在你这一颗树下劳作，将幸福婚姻抓在自己的手里。

婚恋悟语

性爱是人类自然的生理行为。古人说，“食色，性也。”它并不是丑恶的行为，只能说它是人类的一种隐私行为。

守护幸福，从保持美妙的性爱做起

受传统文化的影响，性爱这个话题在人的心目中是比较神秘和隐讳的话题。一般女人在谈及这个话题的时候，都有点放不开，即使是相知、相爱多年的夫妻，有时也会难以沟通。所以便造成性爱的不协调。其实和谐甜蜜的性爱生活，并不一定要靠某种奇特的方式或寻求新鲜的刺激，只需要彼此的了解和相互的体贴适当应用点小技巧，夫妻之间保持优质美妙的性爱是很必要的。

夫妻间的性生活并不是指简单的性交，它还包含了许多性的感情因素在内。几十年如一日的性爱方式，双方都会觉得乏味，缺乏新鲜感。当做爱成了一种负担，变成一项必须要做的“功课”，或者说是“交家庭作业”，这就折磨人了。对于男人来说，当他认定与老婆做爱是一种苦差，他会寻找别的女性解决生理问题，婚外情是成本最低、最安全、最刺激的选项之一。

男人一旦跨出了这一步，跟妻子做爱简直是一件痛苦的事。许多人都明白，性生活是否和谐，往往是夫妻情感的晴雨表，也是婚姻质量的一种客观体现。性关系的和谐发展，有助于增强婚姻的凝聚力。夫妻间感情的维系，固然不完全靠性的结合，但是，如果一个或双方在长期的性生活中从来没有得到过满足，无论如何是要影响夫妻感情的。但夫妻俩也要明白，在现实生活中，不可能每次性爱都真正令人满意。一两次的不和谐，完全可以通过沟通来解决。

因此，你也可以主动劝说老公改变一下做爱的方式，做爱的姿势、形式和地点等，都可以进行改变。比如一件性感的内衣，一次烛光晚餐，一张挑起性情的光碟，一次浪漫旅行，一杯香气四溢的美酒……对老公来说，都是一种变化，足够让他喜出望外，体验一种新鲜感。

在此，你不妨学几招时尚的性爱小技巧：

1. 善用女人的魔鬼身材

大部分男人都认为，女人穿着性感点的内衣，最能挑逗起男人的性趣。因此，女人不妨根据男人看你时的反应，并分析他的性幻想，找出他的喜好，穿上他喜欢的内衣，以取悦自己的男人。

2. 给老公一些惊喜

但女人想做爱时，可以在老公快下班的时候，通个电话，在电话中便开始调情，为晚上性爱做准备。也可偶尔写一封热辣辣的情书，在日记中记下性爱的感受，而在无意间让老公看到，总之要引发他的性幻想。女人在性爱前可以采取主动，直截了当地向老公示爱。

3. 让爱火越燃越烈

夫妻发生性关系是很正常的事情，但若一切变成习惯，缺乏新意也就索然无味。即使最诚恳的人也会感到厌倦。所以无论他多么了解你，你都应与男人保持若即若离，以产生一定的神秘感。

4. 使用女人火辣辣的言语

性爱时女人可以使用性感的声音，刺激男人的性趣，会有意想不到的效果。有时一些平日难于启齿的情话，会刺激男人的神经。若你觉得难以启齿，认为这是下贱表现的话，也可以尝试在男人怀里讲出来，以挑逗起男人的性趣。

5. 尝试调情

除非你心爱的男人是妒忌心极重或极度保守的男性。否则，可以在男人面前尽力展示女人的性感。性感的内衣配以柔和的红色灯光，野性的舞姿或温和的话语，都可以刺激起男人雄性。不过无论怎样，你一定要让他知道，你表现性感就是为了他。由于每个人心中的界限不同，所以应互相了解刺激与危机的定义。

6. 适当控制性爱节奏

当你开始爱抚他时，要采用慢慢的、柔柔的动作来挑逗他。当你温柔地给你的老公以爱抚和缠绵时，肌肤之亲的快感，使他很难抵挡你的柔情攻势，而欲火中烧。

在夫妻性爱的时候，采用适当的性爱小技巧，可以唤起对性爱的激情，从不同的角度体验性爱的乐趣，使婚姻生活增添一些别一样的感受。

婚恋悟语

性爱是夫妻之间日常生活的重要组成部分，健康和谐的性生活，是协调夫妻关系的一个桥梁，是夫妻关系的润滑剂，会使夫妻生活更加甜蜜、美满与幸福。

迎合丈夫，制造浪漫情趣

男人都希望在和自己心爱的女人做爱的时候，让她达到性高潮，性满足。假如男人发觉自己不能给女人带来太多的快感，那他就会觉得悲哀。即使给在男人生活上无微不至的关怀，他也不会觉得自己幸福。作为女人，你的热情和愉悦是最本质的东西。但是如果男人体会不到，或者不会利用这个，那你还是会很郁闷的。你要说一些话，做一些引导的动作，这样就会改变尴尬局面，引导男人到你想要的地方。

性爱应是浪漫的，这需要布置一种性爱氛围，比如烛光、香气、花影，还有月光。最好先摘掉头上的一些装饰品，如：发夹、梳子、橡皮筋等，让头发“乱乱的”，带一丝妩媚、一丝朦胧，一丝慵懒、一丝开放，还有一丝不设防的迷茫……卧室里的女人不同于客厅里的女人，最大的区别是，前者披头散发演绎着性感，后者高悬发髻体现着高贵和矜持。前者让男人冲动，后者让男人欣赏。也可以变换一下方式，单一的性爱方式会让人觉得呆板，制造几个不同的情境，效果将超乎想象。

在性爱前，穿一件性感实足的内衣，在自己的老公面前扭动着腰身，晃来晃去，为男人制造一种视觉上的享受。当女人穿着精致而富有性感的内衣，懒懒地躺在床上的时候，你的男人一定抵不住你的诱惑，性爱的欲望便会被点燃，刚强的男人也会倒在你温柔的怀里，被你征服。

在性爱的时候，不要以为一丝不挂就是最好的表达，朦朦胧胧，若隐若现则更能体现女人那魔鬼般的身材。在床上，有时候也要有一种“修饰”。有些女人对这方面并不是很重视，有时候就会发生一些尴尬的事情。

就有这样一位女子，那天晚上，她早早就上床休息，以为值夜班的老公不会有“性”致，便没洗澡就上了床。更令她后悔的是当时没有换内衣，竟穿着一条破了几个洞的内裤……当丈夫点亮灯想欣赏一下身边的这位“睡美人”时，吓了一跳。她形容自己躺在那里“无地自容”，太没形象了。

爱情需要包装，男人是视觉动物，他更愿意开着灯去欣赏他的女人，如果这个时候妻子仅穿着破旧的内衣，这会让他倒尽了胃口。性的美好，在于那份半遮半掩的朦胧，欲说还休的羞涩，情趣内衣就是很好的道具。要知道，性不仅存在于人的下半身，还存在于视觉上的享受。

所以说，女人不但要懂得浪漫情趣，还要学会表现性感。所谓性感，就是异性或异性身上的某一东西能引起人们在性方面的一种反应和感觉（其中包括生理的、心理的或情绪上的反应和感觉）。

性感作为成熟女人的一种标志，是一种美。性感是女性魅力重要的指标，性感对女人来说，是挑战，也是目标。性感的极致在于展现而不张扬，在于有风韵而不风骚。男人对性感的感觉是多方面的。性感的女人配上性感的动作，恰似锦上添花，男人便会产生流连忘返。

1. 媚眼

媚眼是女性魅力的无声语言。运用得当，能使他读懂一颗怀春的心；倘若分寸失度，眼波“飞短流长”，则就成了弄巧成拙的败笔。无论是忧郁的、迷惘的、飘渺的、懒洋洋的、天真带笑的或眼中藏着火焰的，只要有神韵及充满流盼，眼波便是性感的发源地。

2. 细微动作

那不经意的拨开长发，有意无意地舔舐自己的嘴唇，那嘴角的嫣然一笑，那风情万种的姿态，那楚楚动人的容貌，都让男人神魂颠倒。

3. 显露羞态

白皙面颊拂过的粉红色绯云和肢体传递的感觉异常性感迷人。女性的羞怯是男性兴奋的催化剂。面对男性热情的拥抱，女性故作忸怩的姿态实在有着道不尽的风情。

4. 体味

很奇怪，某种程度的体味往往也是构成叫人觉得性感的根源。有些男性就因为某种体味而记住一位女性。若你没有香汗或女人味，那亦可挑选一些专为撩起幽思春情而调制的香水。

5. 娇喘的声音

有的女人身体条件并不好，却有一把迷死人的声线，或沙哑，或低沉，只要展现出特色，都可以性感到叫人酥软。

6. 在男人面前宽衣解带

即使对一个看惯了女人胴体的男人，女人的宽衣解带也同样充满了诱惑。那是一层层剥开的漂亮花瓣中的花蕊，女人宽衣解带不仅是对男人的信任，更使男人得到一种独自享受的秘密之欢。

7. 穿着丝质吊带裙，光着脚在灯光下走来走去

丝质的细腻柔滑和女人光洁无暇的肌肤相映成趣，形成一道绝妙的风景。那种感觉就像一个五颜六色的贝壳在阳光下的沙滩上晃来晃去，又像一条漂亮的凤尾鱼在清澈见底的泉水中游荡。

女人的性感绝不是丰乳肥臀，也不是一个极尽诱惑和勾引的媚态；亦不是暴露，更不是放纵，她是一种有分寸的美丽。在某个诗意的氛围中让某个男人心灵猛颤，如遭电击般激动。让男人们发自内心地去热爱

的，还是那些举手投足间不经意散发出来的妩媚。

婚恋悟语

对男人而言，性爱是一种权利，也是一种享受，是一种身心的参与，也是一种情调的营造。给性加点情趣，浪漫的前戏更容易让男人冲动。只要加点心思和运用想像力去改变一些做爱的方式，性生活自然就能如鱼得水。

多鼓励丈夫，帮其减少思想压力

人的性生活受心理状况影响很大，如果当时有某些精神压力、思想负担，那就会影响性功能的正常发挥，从而影响夫妻性生活的和谐。这种精神压力和思想负担，主要来自夫妻性生活本身，而且多来自男方。例如有的男人在过性生活时经常考虑：这次能不能成功？是不是自己有毛病？自己能使妻子满意吗？自己的阴茎是不是太小了？女子也有这种情况，例如怕疼痛、怕怀孕等等。

这些心理压力和思想负担就叫“操作焦虑”，“操作焦虑”往往会影响性功能的正常发挥。

有个男青年在婚礼过程中比较劳累，而且由于缺少性生活经验，所以在新婚之夜过性生活时精神紧张，其结果是第一次性交没有成功。这时，妻子半开玩笑地对他说：“你这个人怎么这么没用啊！”这便使他惭愧。第二夜再过性生活，丈夫由于担心再次失败而更紧张，结果越紧张越失败。几次“严峻的考验”都以失败而告终。

还有一对新婚夫妻，由于和家人同居一室，房间当中只以木柜隔开，他们怕过性生活时被隔壁老人听见，所以心情有些紧张，男方紧张的结果有时阴茎不能勃起，或有早泄现象，这本来不是什么大不了的事情，但是他由此认为自己“有毛病”。心理压力很大，后来阳痿现象就越来越严重了，夫妻之间因此发生很大矛盾，甚至要闹离婚。

以上这些问题都是心理疾病，对于这些病，打针吃药收效甚微，主要应由医生加以开导，当事人懂得一些这方面的道理，消除“操作焦虑”。在过性生活的问题上，夫妻要互相谅解（切忌互相埋怨责怪），相互商量，相互配合，就会消除许多不必要的矛盾，而达到使双方满意的效果。所以说，理解老公对性爱的要求，是很必要的，也是享受完美性爱的首要条件。

有位男人向心理医生抱怨说，他与妻子根本没有什么性生活，最多每周两次，有时三次，即使有过性接触也是任务，毫无兴趣可言。而他的妻子也向心理医生抱怨，他们几乎所有的时间都在做爱，每周至少两次，有时甚至还会三次，这简直就是折磨。

在有关对性生活的抱怨中，“不够多，得不到性满足”是男人抱怨最多的问题，而“不够浪漫，性欲太强”则成为女人最大的不满。事实上，女性性意识的觉醒，在一般情况下要比男性晚。男人的性意识是直接而干脆的，而女人却显得深邃而难窥其痕迹。男人和女人在性反应中，存在着生理差异和心理差异，所以妻子应该充分理解这点。

况且丈夫性需求未明显衰退，证明自己的男人仍有较旺盛的精力，这是健康的表现。对此，女人应当高兴，而不是抱怨和不耐烦。

特别要提到的是，男人自尊心很强，男人的自信极易被女人打碎，特别是在性爱的时候。一个无奈的表情，一个鄙视的眼神，女人细微的表情，都会被男人发现，而这些表情，足以将欲火焚烧的男人，投入冰窟。所以在性爱的时候，女人一定要很投入，而不是敷衍了事，不要忽略男人身体的每个部位。抚摸和挑逗会使男人兴奋不已，当妻子这么做时，等于在说自己多么喜欢他的身体。也可以亲口告诉丈夫：“你很健康强壮啊”、“你的身体性感极了”、“你的肌肉真棒”。要知道妻子的赞扬会让丈夫的自信心空前的高涨。

在夫妻生活中，无论是体质瘦弱还是强壮的男人，都会产生一种忧虑，他们对自己的性能力会产生怀疑，他们又担心妻子不满意自己的表现。此时，倘若夫妻间又缺乏沟通，男人就更加无法得到期望中的被肯定，于是也就更加茫然无措。

婚恋悟语

在性爱方面，女人一定要记得赞美自己男人的能力，赞美他是一个强有力的男人，这样会大大增强男人的自信心和男人的威严。

克服阻碍“性”趣的心理因素

一位即将披上婚纱的女子说：“我在纺织厂工作，周围几乎全是女的。我的很多女友都和我一样，最近准备结婚。看她们一个个兴高采烈的样子，我就感到困惑：为什么我一想到结婚，心里就有些害怕呢？我知道结婚是怎么回事，也知道夫妻正常的房事不会对我造成伤害，但我还是抑制不住心中的恐惧感。我想知道我这是不是反常的心态？用什么办法才能消除？”

这种情况在现实生活中并不多见。但是，女性对新婚后的性生活产生恐惧心理，这完全是正常现象。人们在第一次面对一件有可能对自己造成伤害的事情时，本能地会感到有些害怕。动物学家讲述过这样一个有趣的现象：类人猿在交配前，雌性都要尽力躲避它的追求者。但这种躲避却是不一样的，那些没有交媾体验的雌猿，其躲避不过是一种挑逗，为了激发雄性性欲。

这并不是想用动物来比拟人类，只是想让大家知道，恐惧完全可以来自原始的本能。对一个毫无性体验的女性来说，不管她掌握了多少性知识，都会对夫妻性生活产生畏惧心理，因为从性生活的动作上来看，女性永远处于被动，象征着被侵犯，而男性的动作却代表着进攻。正因为如此，我们只听说过女性在这方面有恐惧感，而从来没有听说过有哪位男性表达过类似的忧虑。

虽然很多人在性生活上都有各种问题，但是根据统计，除了因为生理的健康或障碍所造成性生活上的问题或困扰外，大多数的情况都是因为心理或是想法的因素而庸人自扰。归结起来我们可以整理出以下几点：

1. 紧张或害怕

在忙碌的社会中，紧张的工作情绪延伸到生活上就会使性生活的品质受到影响。在紧张的气氛下做爱，由于情绪与全身肌肉无法放松舒缓，所以男性很容易因此而发生早泄或无法勃起，而女性也很容易在情绪紧张的时候产生阴道痉挛或无法达到高潮的情况。害怕也是引起一些性爱问题的主要原因之一。不管是害怕怀孕、害怕早泄、害怕性病、害怕偷情被抓、害怕……这些害怕的心理因素不仅无法让您在性生活上尽情享受，而且会因此产生性生活上的问题。

2. 完美主义

也许是受到大众传播媒体的影响，不管是电影中激情的床戏似乎都特别显示出做爱是如此完美，好像每一次的性爱双方都能够全然享受，而且不管是什么时间、地点、姿势都能一起达到高潮。因此，许多人就认为性爱中没有这么的美好就是有了问题。其实，每个人的身体及心理状况每天都在变化，美好的性爱享受不仅需要学习，有时也是可遇而不可求。所以，性生活重要的应该是能不能彼此协调满足，而不是追求每一次的完美。

3. 错误观念影响

一味地强调男性的雄壮威猛就能够让床上生活幸福美满的想法不知道害惨了多少原本正常的男人。根据临床医学上的统计，绝大多数自认为自己有性功能障碍的男性，其性生理的功能都完全正常。但是在社会上普遍存在着比大、比长、比久的刺激下，这些心理的困扰就会影响其在床上的表现。

4. 性知识面的不足

在社会开放的时代，现代人接触“性”方面的资讯有许多不同的媒体与渠道。但是这其中大多数人接受的似乎多偏向于性资讯的刺激，而不是性知识的认识与了解。所以，在没有健康、正确的知识与观念下，做起爱就会遇到许多的问题与困难。

拥有快乐美好的性生活是每一个人的希望与梦想，但是每个人在性事上也都有自己或大或小的问题。当您面对这些问题的时候，如果不是生理健康上所产生的影响，那么或许应该从心理方面来仔细了解。有时候问题只是一念之间就迎刃而解了。

婚恋悟语

性爱是上帝赋予人类的自然本能，也是许许多多的人所乐于享受的乐事。但是由于每个人的生理心理状况都不尽相同，所以在享受性生活的过程中，就会有许多失败或挫折的经验与感受，而这些问题一直是挥之不去的梦魇。

和谐的性爱源自良好的沟通

健康和谐的性生活，是协调夫妻关系的桥梁，是夫妻关系的润滑剂，完美的性生活会使夫妻生活更加甜蜜、美满与幸福。但夫妻间的性生活，并不是指简单的性交，其中还包括许多感情因素在内。如果性生活不协调，那将是造成夫妻感情不睦的导火线，性生活的不协调，使夫妻日夜苦恼，轻者互相抱怨，重者打官司离婚。

夫妻生活中，如果没有完美的性爱，将会影响到两人情感的发展和家庭的稳定。要想得到完美的性爱，就需要女人更多地了解性爱方面的知识，了解老公的需求，满足老公的要求，让性爱过程掌握在女人手里。

夫妻的性生活是婚姻生活不可缺少的一部分，它贯穿着整个婚姻生活。夫妻间只要存在着爱和信任，身体就会做出适当的反应。如果彼此对另一方没有兴趣，那么最大的后果就是婚姻出现问题。而且出于对丈夫的爱，只要丈夫的要求不是很过分，最好还是满足丈夫，这样有利于丈夫身体和心理的健康，也有利于维护婚姻的幸福。

其实，男人性欲望的满足，并不都是需要通过做爱来满足的。在夫妻的亲密接触中，妻子小鸟依人般的娇艳妩媚、甜言蜜语的温柔体贴，都能令丈夫激动，产生亲热、舒畅的性体验，让男人感觉到他是真正的男人。

男人追求男欢，女人追求女爱。也就是说，男人和女人在性爱方面的主要差别是尽管男人也通过性爱来感受爱，但他在当时关注的是目标的完成，而女人则相反，她更注重创造亲密关系。

作为女人，如果你不深入了解男人重视性爱的真正原因，那么就会低估它对男人而言的重要意义，并由此断定男人就是肤浅，以为他们只想要性爱。

对男人来说，当自己的需要被满足的时候，男人会感到自己受到重视，才能真正感受到女人的温柔和爱意，从而给她更加温柔的回报，让性爱有足够的吸引力。

对女人来说，一生最珍贵和最珍惜的就是爱。在女人爱与被爱的过程中，只要女人喜欢他，就会用十份爱来换取一份被爱，而从不吝啬，这就是女人。完美的性爱是女人被爱的核心，还能让女人长保身心健康，这是女人最佳的养生之道和最佳的“保健品”。

事实上，和谐的性爱，应该是你知道对方想要什么，并且能够做到。只有给予对方需要的东西，对方才会愿意主动满足你的需求，只有这样，性爱才会充满激情。如果没有激情，性爱就会像做家务一样无趣。

虽然说性爱是婚姻生活中不可缺少的行为，但是要想得到完美的性爱，并不是很容易的事情。在夫妻性爱中加强性交流，对促进夫妻感情，提高夫妻生活质量，增加家庭的欢乐气氛，具有不可替代的积极作用。可见，夫妻之间进行性交流是保证性生活和谐美满的一条重要秘诀。

然而，有许多的女人不愿意与自己的老公谈论有关性的问题，认为这样做实在难以启齿，有损自尊和女人的形象。这就造成双方不知道对方喜欢什么和希望什么，因此往往很难使双方都产生足够的性兴奋和性快感。

假如不好讲出口，此时你可以在纸上写下你的欲望、要求和感受，交给老公过目。一般在进行性爱交流的时候，女人大都会感到忸怩不安，还有些许的担心，不晓得老公会对自己的行为产生什么样的看法，这种举动是否会把他吓一跳，是否会让老公觉得自己太过注重性爱而显得古怪了呢。其实，恰恰相反，你的坦率会让你的老公觉得你是那么得可爱，所以这种担心是多余的。

夫妻间如果能经常谈论自己的性生活问题，就能使双方相互更了解，使性生活更默契，使夫妻生活更加和谐美满。这是夫妻间性心理的需要，也是夫妻间性生理的需要，更是加强夫妻感情、建立美满幸福家庭的需要。

婚恋悟语

夫妻间加强性交流，对促进夫妻感情，提高夫妻生活质量，增加家庭欢乐，具有不可替代的积极作用。夫妻之间进行性交流也是保证性生活和谐美满的一条重要秘诀。

为性爱注入新内容，保持新鲜感

结婚多年以后，夫妻之间不再有当初的新鲜感，以致彼此间对做爱不那么迫切，从中获得的愉悦、曼妙感也就不会那么强烈了。更有甚者，简直把夫妻做爱看作是照顾情绪、例行公事，或者是一种负担，抑或是一种义务。

毋庸置疑，几年或几十年反复地同一个人，以同一种方式、同一套程序做爱，必然会产生单调、重复感，而重复就意味着机械地往复，自然无新鲜、刺激的欢畅了，性爱的冲动也就会在无变化的操作中变得迟钝呆滞，彼此对做爱的欲望自然也会降低。这种倾向根植于人的动物性——不仅人类有，动物也有。在动物实验中，雄性易被新的异性唤起、冲动的现象被性心理学家们称为“科妮基现象”。雄性哺乳动物很快就会厌倦同一个雌性，然而，一旦向其提供另一个雌性，其性冲动能力便会立即恢复。这一点在所有哺乳动物中都表现得很明显。动物的这种“科妮基现象”，还有一段趣话。

据说，某国一位总统携其夫人科妮基太太参观一个农场。在参观养鸡场时，科妮基太太问饲养员，隔多长时间公鸡向母鸡履行其义务？饲养员回答：“每星期10多次。”科妮基深有感触地说：“把这告诉总统。”当总统得知时，他问，“公鸡是否每次履行义务都是与同一只母鸡？”饲养员告诉总统：“每次都是与不同的母鸡。”总统听后笑着说：“把这告诉科妮基夫人！”

由此可见，新鲜感可以触发本能的冲动。不过，人不是简单的动物，人除了受动物天性的支配，更多地还要受到社会文化规范、道德观念的制约，尤其是现代社会实行的一夫一妻制。所以，人类不提倡为了追求性爱的新鲜感，而超越现有的婚姻关系，到不正常的两性关系中寻找新刺激。

不过，透过“科妮基现象”，我们却获得了一个有益的启迪，性爱的激情也好，新鲜感也好，是在变化中产生的，假如你更换了性伴侣，而所有的做爱方法和程序都按部就班，固然可以获得新鲜感，但这种新鲜感却无论如何也持续不了多久，很快又会感到厌烦。如果你没有更换性伙伴，而在性爱的方法和程序上展出新招，从而使彼此受到惊心动魄、勃发难抑的性爱刺激，性爱的激情和新鲜感自然就会经久不衰。有这样一则幽默：

有一对正在做爱的夫妻，妻子一边被动地接受着，一边平静地问丈夫：“你这个月拿了多少奖金？”当他俩云雨完毕，丈夫匆忙地翻身下床，一边系着裤带，一边惊慌地说：“我忘了封炉门，水一定烧干了。”

到了这般地步，人们对性生活也就不大看重其过程，而只重视其结果了，就像人们吃饭一样。初婚之时夫妻过性生活，丈夫还能在做爱之前多施一些爱抚，说些动情的悄悄话，现在则草率了事，甚至省略了一切中间环节和程序，不做任何准备就“单刀直入”。这样是根本谈不上什么性爱的快慰与满足的，长此以往，哪有不生厌倦的呢？

在此，有心理医生提出了和谐性爱的六条规则，供夫妻双方借鉴学习。

1. 性生活和谐要以爱为基础

夫妻性生活的目的，不仅仅是生儿育女，同时也是夫妻整个爱情生活中的一个重要组成部分。做爱的目的就是为了分享和表达对对方的爱。至于做爱能否出现性高潮并不是最主要的。

2. 做爱要注重过程

有位性学专家指出：夫妻间的性生活有如从事体育活动一样，你不要只对最后的结果感兴趣。应该对体育活动的过程更感兴趣。不然的话，就会造成夫妻间做爱过程的紧张，反而达不到性高潮。

3. 及时表达做爱的感受

性学专家指出，夫妇做爱时，沉默寡言，互不表露自己的感受，那是很糟糕的。做爱时要及时互相吐露自己的性感受，帮助对方了解敏感部位及获得性快感的技巧。

4. 做爱方式要多样化

千篇一律的性生活方式会使人产生单调乏味感。其实，每对夫妇表达情爱、性欲的方式是可以多种多样的，就像人的口味一样需要不断变化翻新。这样做可以提高性生活的新鲜感和吸引力，使性生活更为和谐和富有魅力。

5. 要创造良好的做爱氛围

夫妻过性生活，应该像节日旅游度假一样，要事先做好准备，如事前洗个澡、打发孩子早点入睡等，还要多谈论些与做爱有关的使人兴奋的话题。

6. 和谐性生活需要双方共同的努力

有些夫妇总是把性生活不和谐的责任推给对方，责怪对方没有很好配合。事实上，一次令人愉快的交欢，都是夫妇双方共同合作的结果。为此，夫妇双方应阅读一些性知识基础之类的书籍，了解男女性心理和性生理的不同特点，以便互相配合，互相激发，使性生活美满愉快。

婚恋悟语

喜新厌旧，似乎是人的天性。即使是一对情深的夫妻，在一起生活了几年或几十年，如果在性爱的形式上不注入新的内容，性爱的激情就会大打折扣，性爱的新鲜感也将消失殆尽。

变被动为主动，大胆追求“性”福

性爱是自然界最基本的生理行为，也是夫妻间不可缺少的运动。女人应该学会在夫妻关系中转换角色，大胆地向自己的男人示爱，大胆享受由性爱带来的快感。千万不要认为性只是婚姻生活中的义务劳动。

有位妻子曾经抱怨说：“刚结婚的时候，丈夫在性爱方面要求很多，她有点应付不了。”谁知她们结婚仅仅三年，性生活居然少得可怜。

是谁扼杀了丈夫的性趣呢？有时候，妻子也确实应该在自己身上找找原因。当女人在被家务压得喘不过来气的一天后，丈夫提出性爱的要求时，而妻子却说：“太累了，没那份心情。”或者在床上丈夫伸出手去，妻子只给了一个后背。这样的表现会让你的男人下半夜味同嚼蜡，一直处于郁闷和怀疑之中。也有很多女人在外面表现出光鲜亮丽的一面，回到家却时刻不离面膜，久而久之，丈夫便不会对妻子产生任何性趣。

女人将男人的“性趣”打垮，却未能认识到自己的责任，男性本来就承受着更多的工作、生活和社会压力，日常生活又是单调枯燥，缺乏浪漫、起伏的色彩，妻子想要拥有稳固的婚姻，就必须时刻检讨自身，满足丈夫的性要求，注意丈夫的性趣。

男性都喜爱被挑逗，要刺激他们，首先要拖延，甚至在适当时制止他做进一步的要求，这样他的欲望和刺激感才会膨胀。如果他被你深深吸引，他对性的欲望就会变的迫切。在性爱生活中，你不可以完全被他的欲望所支配，如果你希望一直保持对他的刺激感，就该适当地控制车辆驾驶的速度——即是将它减慢至你所需的速度。

但是很多做妻子的在两性生活中都不善于挑逗自己的丈夫，大部分妻子遇到和丈夫性爱时，都只是被动的等着丈夫主动进攻，而自己却躺在床上像条死鱼一样，什么也不会。长此以往，男人就会有种尽义务、钟点工的感觉，渐渐地便会因此而失去性的冲动和性的欲望，最终丧失对你性的需求，对你产生麻木感、厌恶感、逃离感！其实，男人的性冲动来得非常快，这也就导致了男人是极容易被挑逗起“性”趣来的，只要女人稍稍作态，男人必然就着了她的“道儿”。

身为人妻的女人，只需在丈夫面前掌握一点技巧，就可以丈夫面前永远保持魅力。

1. 善用你的天生本钱

大部分的男人都认为，伴侣局部性地穿上衣服最能挑起他们的遐思，因此你不妨根据他看你时的反应，并分析他的性幻想，找出他的喜好，穿上他喜欢的衣物取悦他。

2. 给他一些惊喜

偶尔在电话中调情、扮演不同角色、写一封热辣辣的情信、在日记中记下浪漫的事而在“无意间”让他看到，总之要引发他的想象力。女性在两性关系中的主动，可以是直截了当的，也可以是细致婉转的，也可尝试新的姿势、道具、营造新的意念和气氛，但切忌乐极忘形。不过要知道何时适可而止。

3. 不脱衣而能取悦他

大多数女人都只利用了身体的小部分去挑逗男人。不论你是局部穿衣或是完全赤裸，要善用你的身体去吸引、爱抚他的目光和身体。为了激起对方的情欲，脱衣服时务必慢慢来，而为了燃起他的热情，最好能“不小心”地暴露你的身体。

4. 让爱火不断燃烧

相爱的夫妻当然会发生亲密关系，但若一切变成习惯，即使最诚恳的人也会感到厌倦甚至逃跑。所以无论他多么了解你，你也应保持一定的神秘感。

5. 放荡不羁的语言挑逗

尝试以你性感的声线去刺激他吧，会有意想不到的效果，有时一些平日难于启齿的三级笑话可能会刺激我们的神经。若你的伴侣觉得这是非常吸引但你却认为是下贱的话，尝试与他好好沟通吧。

6. 尝试调情

除非你的他是妒忌心重或极度保守的男性，否则不妨偶尔表现性感的一面——性感的打扮、野性的舞姿或温和的调情都可为他带来满足感。不过无论怎样，你一定要让他知道你表现性感其实是为了他。但每人心中的界限都不同，所以应互相了解刺激与危机的定义。

7. 将你的节奏放慢

当你开始爱抚他时，请放慢你的动作。慢慢地、带点挑逗意味地，用身体去抚摸他，把他的手带到任何你要他爱抚或感觉的部位；接着，尽量投其所好地吻他，甚至轻轻咬他；最后用你那一头秀发轻轻拂过他身体的每一寸肌肤。很少男人能抗拒得了这种诱惑，尤其当你接触他的性器官时。

总之，女人主动提出性爱的要求，这对男人是极大的刺激，是令男人疯狂的游戏。性爱是两人共同完成的，若女性能积极主动爱抚男人，那么两人的性生活必定能更充实、更快乐。

婚恋悟语

男人经不起女人的挑逗，他的欲望经过女人的启发、点拨，男人会心花怒放。女人主动的表现也是一种控制，它不仅控制了男人的性欲，也控制了男人的心。

走出错误的性观念误区

爱情是异性间情感的升华；婚姻则是男女双方共同生活的契约；而和谐美满的性生活则是这份契约的有力保障。对夫妻性生活不和谐者来说，由于丈夫不能清楚地把握妻子对性、性生活的心理而引起的，不在少数。当然，女同胞也要自检，看看自己是否有以下错误的性观念或者心理误区：

1. 过分注意自己在性生活中的“形象”

最常见的是妻子不自觉地力图表现出“正经”或“像样”。传统道德强调女性要“端庄”，一个“浪”字会毁掉女人的一生。其实，这本来指女性应在性关系方面遵守社会规范，但在封建性禁锢主义影响下，许多人把它错误地扩大到夫妻性生活中来，似乎在具体的行为、表情和性反应中，妻子也不应该太疯狂，否则也是“淫荡”。许多妻子很爱丈夫，但在性生活中却生怕自己“丢人”，怕丈夫因此看不起或怀疑自己，又想象不出一个好妻子此时应该是什么样，只好盲目地压抑自己。结果，丈夫和她自己都误以为性生活就那么回事，没什么意思。时间一长，双方就真的麻木了。

还有许多妻子对自己自发产生的性要求感到耻辱或羞怯，总觉得自己主动提出要求有些“下贱”，甚至觉得这样像“妓女”。在新婚初期，由于丈夫的性要求一般比妻子强，因此这似乎不是个问题。但随着性生活步入常态，许多夫妻都会遇到双方性要求在时间上和次数上不协调的情况。这时，如果妻子过分注意“形象”，不仅无法获得应有的满足，而且无法沟通夫妻在这方面的想法，无法科学地矫正双方都可能出现的错误，结果都在心里抱怨对方，问题反而越闹越大，矛盾越积越深。

2. 对性生活的作用抱有过高期望

随着时代的进步和妇女地位的提高，这样的妻子日益减少。但是，在对性生活积极肯定的妻子中，却正在出现另一种误区的苗头，过多地、过分地把性生活是否和谐，上纲上线成为爱情是否真挚、婚姻是否幸福的大问题。虽然几乎没有一个妻子愿意公然承认自己这样想，但在生恬实践中，这种的误区却很鲜明地表现在以下几个方面：

（1）一些妻子不理解男性的性生理和性心理特征，误以为男人在任何时候、任何情况下都必然主动迫切。因此，在对方身心疲倦时，自己没有发出足够的视觉与心理刺激时，觉得丈夫不想过性生活是不体贴自己，是爱情淡化，甚至是“有外心”。在人近中年时的夫妻中，在丈夫是干部或脑力劳动者的家庭中，这种情况更多见。

（2）一些妻子对性生活中的情感交流有着极高的需求，但又不敢于、不屑于或不善于表达和交流，结果自己产生说不出的烦恼，而丈夫又摸不着头脑，反过来，妻子还觉得丈夫不温柔体贴，不理解自己的心。这也很容易被上纲为“不是真心地爱”，甚至“男人不懂爱”。

（3）一些妻子不善于把性生活与婚姻中的日常生活区别开来，没有领会到两者之间的差异。丈夫在性生活中表现良好时，妻子误以为他必然会在日常生活的一切方面都是模范丈夫。稍有差别，妻子就会抱怨：“你在床上的柔情蜜意跑到哪里去了？”甚至会怀疑：“原来你的爱只是为了那事呀！”有的还上纲为理论：“性是欺骗女人。”

（4）少数妻子用不过性生活来惩罚丈夫的过失。有些妻子过分迷恋浪漫的纯情的恋爱，总觉得婚后性生活有损于它。

以上种种，看起来都是事出有因具体问题，但实际上还是女性在性观念上有毛病。

3. 对老公进行性惩罚

不少女性与丈夫争吵后，常采用性惩罚，拒绝过性生活来向丈夫示威，用这种不明智的方式来对丈夫实行制裁。要知道，性惩罚是试图缓解夫妻矛盾的最愚蠢的做法，它将会导致严重的恶果。

夫妻之间的亲密关系原本是维持感情的重要部分，却被一些女人当成了惩罚老公的最好手段。在婚姻当中总是难免会有种种的矛盾，过于计较另一半的生活表现，就会产生许多抱怨，如果再利用性爱来当成对老公的惩罚，就会使性爱这种原本很美好的享受，产生厌恶的情绪。

如果长期的性惩罚，会对夫妻的心理和生理都会造成不必要的损伤。有些人会因为得不到满足而发生婚外性行为，有些人却会因为过于压抑而成了性冷淡，不管是哪一种，都会对婚姻造成伤害。

但在现实生活中有许多女人，都喜欢把性爱当做驾驭男人的工具。妻子本来是一厢情愿地希望通过性惩罚来解决矛盾，但很多时候结果却适得其反。性惩罚不仅不会让丈夫认识到错误，反而会对丈夫寻找外遇起到推波助澜的作用，所以聪明的女人是不会对自己的老公进行性惩罚的。

这样做的结果不仅惩罚了自己的婚姻，同时也惩罚了你自己，其结果就可能是丈夫离家，另寻新欢。所以说，女人千万不要对老公实施性惩罚，因为这样做是很愚蠢的。性惩罚不仅是对婚姻的惩罚，也是对自己的惩罚，是将你的老公推出家门的祸首。在生活中，还是多一些沟通，少一些惩罚的好。

婚恋悟语

妻子往往都有些令丈夫烦恼不已、捉摸不透的性心理，如果丈夫能够在“山雨欲来风满楼”之际，及时洞察妻子的性心理，修补夫妻感情的裂隙，势必会使爱情之花常开不谢，性爱之春永驻。

第九章 爱情可以经营，婚姻可以设计

人的一生中最难经营的就是婚姻和爱情。要想经营好婚姻和爱情，要想把握住幸福，那么时刻都要记得演好自己在婚姻生活中的角色。只要用心去经营，即使结婚几十年的夫妻，也不会感到婚姻的陈腐。在这种状态下，爱情就会如一首甜蜜的歌，永远在耳边萦绕；婚姻就会像一杯醇香的酒，永远透彻心田。

经营好自己的爱情，不涉足他人的花园

完美的爱情是每个女人都梦寐以求的，女人也相信即使人海茫茫、天涯海角，也一定会有一个人是自己的“白马王子”。对真爱的渴盼无可厚非，可是女人心中一定要警钟长鸣，最幸福的事情是：做自己故事的主角，不做别人故事的配角。

有人说，爱情是一种化学反应，是一时的激情与冲动，时间久了，爱情就淡了，淡了之后或者分手，或者步入婚姻，于是爱情慢慢就转化为一种亲情和一份责任了。是的，尘世间的爱情，再轰轰烈烈到最后也不过就是“过日子”罢了。有些男人在婚后生活渐归平静之后，总是幻想着制造一些浪漫奇遇，借此调剂平淡的生活。可是作为女人的你，千万不要一时冲动，把持不住，成为他猎奇的牺牲品，或许对他来说，你只是他家庭生活不幸福、工作压力过大的一种安慰，占据他心灵最重要位置的还是家里的妻子儿女。

生活中，不乏爱上有妇之夫的女人，轻信他的承诺，痴迷、忘情地投入自己的全部精力去“日吐情思夜织网”。为了与他结为鸾凤，甚至可以丧失理智，不顾事业前程，也不惜与自己的亲人反目成仇。事实上，这样的女人总是会在承受巨大舆论压力的同时，亲手埋葬掉自己真正的幸福，到最后落得一败涂地，甚至一文不值。

从另一个角度来看，一个背着妻子在外拈花惹草的男人，又怎能成为你的依靠呢？你又怎么能想当然地认为他就是值得信任的呢？或许当有一天他发现你和他的妻子一样令人乏味时，他也会抽身离开，留下你一个人黯然承受巨大的身心创伤。

即使这个男人对你真的有感情，即使他答应娶你，即使你们真的结婚了，就一定可以幸福吗？要知道你们的所谓的幸福是建立在另一个家庭支离破碎的基础之上的。所以，聪明的女人，一定要懂得：别人的丈夫再好那也不能爱，他不是真正属于自己的。

shelly 和自己的上司就演绎了一段无果的爱情。

当时 shelly 在继成的分公司做事，一个偶然的机会，被派随同总经理出差。其实，这次出差，跟随左右的女孩有好几个，但 shelly 却给了上司眼前一亮的感觉，在见到她的第一眼，就觉得这女孩长相清新脱俗，别有韵味。而 shelly 呢，在跟随总经理忙前忙后的几天，也充分领略到了眼前这个男人优雅的谈吐、成熟的魅力，不禁怦然心动。

终于，他们一拍即合，开始了一段轰轰烈烈的地下恋情。然而纸是包不住火的，没过多久，他们的事情就被上司的妻子发觉了，她不顾形象声誉，将事情闹到了公司，为了遏制不良影响，上司最终被革职了，shelly 也被解雇了！

很长的一段时间之内，这个不负责任的男人都打不起精神来，事业自然是一蹶不振。而 shelly 也面临着找工作的压力。终于有一天，他们因为钱的问题互不相让，甚至大打出手。

所谓的爱情在短短的时间里就败给了现实，感情出轨的上司最终也妻离子散，按说 shelly 应该是高兴了，然而却怎么也高兴不起来，况且每天还要被别人戳着脊梁骨骂“小三”，shelly 觉得也许这就是上天对她的惩罚吧！

用“搬起石头砸自己的脚”来概括 shelly 和她上司之间的事情或许再恰当不过了。可怜的女人被所谓的爱情冲昏了头脑，付出了自己的所有，换来的却是一片支离破碎。人的一生当中注定要遇见很多人，可是遇见了也不一定要相识，相识了不一定要相知，相知了也不一定要相爱。

相比男人，女人在这场无果的恋爱中跌落得更深，受到的伤害更大。她们的美好希冀常与严酷的现实相脱节；她们的付出总得不到预期回报；她们短暂的甜蜜和幸福往往伴随着无尽的沮丧和酸涩。因此，反思和彻悟对于她们尤为必要，聪明的女人一定要对自己的内心“想要什么”和“能得到什么”做出理性的判断，小心误入婚外恋雷区。

婚恋悟语

做自己故事的主角，不做别人故事的配角，这好比人家院子里的果实即使再甜，你也不能偷。偷了就会变为苦果。放下不该有的孽缘，去寻找真正属于你的爱情，才能获得真正的幸福。

婚姻需要用心去经营

婚姻是一个复杂、持久而庞大的工程，要维持它的正常运转，这就需要用心去经营。有些女孩子都从小在娇生惯养中长大，比较任性。她们习惯于站在自己的角度上去看待问题，以自己为中心，过分强调自己的意志必须要得到对方或爱人的满足，而这种坐享其成的做法是不利于婚姻的健康发展的。

南希结婚到现在不过才一年的时间，最近却在吵着要离婚，爸爸妈妈和公公婆婆都赶紧赶到了，看看究竟出了什么事情。两家老人虽不是同一时间赶到的，但进屋时的表情却都一样，那就是皱眉。这房间太乱了，杂七杂八的东西凌乱地摆满了客厅，角落里堆了不少的塑料袋等垃圾，卫生间里还堆着一堆脏衣服。

南希的妈妈忍不住问：“南希，这家里怎么这么乱？你不能收拾一下吗？还有，你们怎么了？吵架了吧？”南希坐在沙发上气呼呼地把脸别向了一边。南希的爱人这时候说话了：“妈，您看这家，哪还有家的样子？平时我在家都是我收拾，我要是出差几天就会成这样子。本来我想她不愿意干我就多干点吧，也没什么，可这次她……”丈夫的话还没说完，南希就嚷了起来：“你还好意思说！结婚这一年来，除了前两个月，你在家里的时间有多少？动不动就出差，鬼知道你干什么去了！就你们单位那狐狸精……就是她，每次出差都是你们一起去是不是？你知不知道我自己在家有多孤单？白天上班还好，晚上经常是我自己在家，我多寂寞你知道吗？一回来就是埋怨我不做家务，你是男人比我有力气，你就不能做吗？”说到这里，她委屈地哭了起来。

老人们总算是明白怎么回事了。虽然南希老公由于工作需要，最近经常要和几个同事去外地的分公司出差，完全不是南希说的那样。但每次出差回来南希就总是气呼呼地查问他，甚至让他以后每花一块钱都要“记账”，然后回来“对账”。这让南希老公很生气，就在单位将就着住了一天，这才闹了这场“离婚风波”。

无论是恋爱还是居家过日子，男女双方常常会遇到这样那样的许多不顺心的事，女人千万不要为一些鸡毛蒜皮的小事去计较，这样的相处很难白头偕老，因此更要怀着一颗宽容的心去待人待己。

像南希夫妇这样的故事在生活中是很常见的，特别是对那些刚刚结婚不久的年轻女孩子来说，这更是家常便饭。动不动就回娘家、喊冤叫屈、抱怨、吵架甚至闹离婚，大多数老人对此已经习以为常、见怪不怪了。因为老人们懂得，年轻人毕竟还年轻，没有婚姻生活的经验，最重要的是还不懂得经营婚姻。

婚姻需要两个人共同经营。婚后的夫妻要调适好心理并多为对方着想，一般的原则性方法有：

1. 要多看对方的长处

尽管夫妻之间不需要什么客气，但也不能总是用挑剔的眼光看人，而应多想对方的好处，以增加夫妻的亲密感。对于爱人的某些缺点，比如丈夫不讲卫生等等，应耐心说服、帮助，不要斥责、抱怨，免得引起对方反感，发生不愉快的事。

2. 对自己严格要求

婚后，如果感到自己有什么缺点，或对方提出什么意见，要注意克服。要逐渐学会适应对方，严以律己，宽以待人。不能认为结了婚，就是“生米煮成熟饭”，不管对方的好恶，开始放任自己，这往往会造成夫妻关系紧张。

3. 主动承担家务劳动

这也是增加夫妻心理相容的一个重要方面，不管是丈夫还是妻子，都要主动承担一些家务劳动，这既可以减轻对方的负担，也可以增进相互之间的感情，共同分享劳动的乐趣。

4. 要互相谦让

夫妻间有了矛盾要互相谦让，和平解决，切忌经常吵闹，这往往是造成不幸婚姻的重要原因。

5. 要经常交流情感

婚后不能只是尽义务式地应付家庭事务或夫妻生活，更不能只顾做好自己的事情，而是要经常与爱人交流，懂得对方有什么想法。在经常性的交流中可以缓和矛盾，从心理上到行动上都趋于大同，互相依赖，生活就会长久甜蜜幸福。

婚恋悟语

法国作家雨果说过：“比海洋更宽阔的是天空，比天空更宽阔的是人的胸怀。”多一份宽容，就多一份理解；多一份理解，就多一份信任；多一份信任，就多一份爱。

大智惹愚，糊涂是福

美貌是青春的通行证，智慧是人生的指路灯，女人都希望自己能够集美丽与智慧于一身，然而，当鱼与熊掌不可兼得时，做个聪明女人是不少人的首选。这里的聪明是一种大智若愚的智慧，为人内敛，既不显山也不露水。

有的女人即使是知识渊博、才华横溢，但是如果不懂得有所内敛，她的聪明智慧也只是徒劳。己所不欲，勿施于人，对待朋友爱人千万不要求全责备。在与别人谈话时，针对别人的知识性的逻辑错误，会马上一针见血地指出来；她们说话强词夺理，显示出咄咄逼人的态势；当她在反驳别人的意见时，不管别人是否能接受就奋起驳斥。她以为自己可以抢尽风头，但却不被人欣赏。这种聪明不要也罢！这又不是商务谈判，也没有什么原则性问题，何必要如此不依不饶。借别人难堪而抬高自己的人，即使锋芒毕露，都会招人反感，这就是聪明反被聪明误。

一般情况下，即使是再聪明能干的女人，最后也要恋爱结婚，如果在与男人相处时处处将自己的聪明展露无遗，并不是一件好事。相比较而言，男人都喜欢“笨”一点儿的女人，因为在聪明的女人面前，他会觉得自己一无是处，所有弱点都被一览无余。而笨女人却时时刻刻都用仰望的眼观看着他，给他十足的面子。聪明女人大多火眼金睛，一眼就能识破男人的甜言蜜语，很容易就能发现他们的种种瑕疵劣迹，并当场拆穿他们的拙劣把戏，从而加大了她们寻觅伴侣的难度系数。形之于外的太过聪明，就会流露出一种骄傲或是压迫感，这让男人感到受威胁，没有安全感，即使你是个再漂亮与多情的女人，也只会令人人望而却步、敬而远之。所以说，一个真正聪明的女人，不但能理解男人在说什么，而且永远不会表现出比他懂得更多，看得更远；既便看到了他的错误，也不会当面直斥其非、指正他的错误，她会找个台阶帮他下，并且能巧妙地转换话题，或者糊涂一下当作视而不见，这才是女人生活的大智慧。

糊涂其实是一种境界，那种明了一切却不点破戳穿的傻傻一笑，最让男人心动、心疼。“装傻”并不是让谁去忍气吞声，而是把生活中的小事儿模糊处理，这也是换一种思维方式生活。

有这样一种言论：当聪明的男人遇上聪明的女人，结果等于战争；当傻男人遇上了聪明的女人，结果等于绯闻；当聪明的男人遇上了傻女人，结果是结婚。男人们很想找个老实贤惠的老婆，放在家里安心，好哄好骗；而女人们说如果自己是男人也要找个老实贤惠的女人，不但放在家里放心，而且自己好在外面风流快乐，不会操心。如果说，当一个傻女人，看到他在外面逢场作戏、玩笑而过，而不用担心你会歇斯底里；或是他明了你的“愚忠与隐忍”，所以不用对你呵护照料，你也会跟他到海角天涯，这种敷衍式的不离不弃是你要的幸福吗？

前不久，一位女同事吵着要离婚，这让大家惊讶不已，以前她总是开口闭口把老公的好说个没完，惹得一帮女同事艳羡不已。问她为什么要离婚，她愤愤地说：“他怎么那么不长良心？亏我对他那么好！他全身上下哪一样我亲手给买的，我一天像个老妈子一样，早餐晚餐做着，衣服给他洗着，我付出了那么多给这个家，却换来他对我的欺骗。对我隐瞒他的行踪，被我发现了，他还大言不惭地说我平常疑心重，怕我生气上火所以才不敢告诉我，这算什么理由？我明知道他口袋里有三百美元，可是第二天他就不承认了，这日子是没法过了。”

三百美元和婚姻相比，孰轻孰重根本不用说。试想，有两个女人同时摆在男人面前，一个是歇斯底里的怨妇，而另外一个懂得在适当的时候“装傻”的女人，男人会选择谁呢？拥有女人宽容的男人，会让他们产生一种安全感，女人的退让是为了更好地防守。正是因为女同事不懂得变通地处理事情，才会将她的婚姻推向边缘。

不必事无巨细一切统统在你的管制范围，他是你深爱的人，你要对他充满信任。不妨给对方一点空间，每周给他两天自由活动的时间。当他不小心撒了谎，大可不必当面揭穿他，即使你洞悉一切，仍然要傻傻地笑着说，我只是担心你。你给他留足了面子，他一定会心存感激，感激你的包容和护佑，而你又何必推辞掉呢？

智慧女人，从不对所有事情都探究个一清二楚，因为她知道，自己不可能对世事洞明，把一切看得太清不仅伤了自己的眼还会累了自己的心，更会连累到婚姻，只要婚姻不偏离正常的轨道，不偏离道德的航线，把握好它大的方向就可以。对于这种小事，不妨装一次傻，说不定你会爱上“装傻”这种生活方式，因为这种方式离幸福很近。

婚恋悟语

婚姻中的女人更需要有“装糊涂”的智慧。因为婚姻是两个人的事儿，这远比一个人的事情复杂和繁琐。良好婚姻关系的维系，需要做到“大事讲原则，小事须装傻”。

良好的沟通是通向幸福的桥梁

常听到有些妻子抱怨自己的丈夫：喜欢与同事朋友交谈，而不愿与自己的妻子交谈，常常是在外侃侃而谈，回家就沉默寡言。

事实上，男女两性在思维、情感、行为等诸方面都存在一定的差异性，在认知方式上男性表现为较强的独立性，而女性则表现出一定的依赖性。在情感暴露方面，男性属稳定性，女性属敏感性。俗话说，“男儿有泪不轻弹”，然而眼泪却常常是人的武器与救兵。在谈话主题选择上，男性往往喜欢谈论与工作有关的话题，而女性则对个人生活细节津津乐道，而且喜欢随心所欲地更换话题，对此，男性常常感到不习惯，甚至厌烦。

尽管如此，女性也总会有办法更多地与丈夫交谈，减少或消除“冷遇”。这就必须要求妻子：选择恰当交谈时刻。女性往往一进家门就急于交谈，如同在班上憋了一肚子话要说，而其丈夫或许需要稍事休息，愿过一会儿再与你闲聊，因而需要见机行事。交谈不是妻子唠唠叨叨谈家务，缺米少油，也不是丈夫嘟哝工作不顺心，领导不好。夫妻间交谈虽不能完全脱离开生活的琐事，但一定要追求沟通的效果，且不妨有一些轻松幽默的话题。当丈夫谈话时，你要集中精力，不要似听非听，甚至浮想联翩，不断插话，或乱加批评，要耐心听下去，让丈夫无所顾忌地讲完，妻子用话作为话题的引子，丈夫话多时，以听为主，丈夫无话时，则找出话题。总之，学会交谈是解决遭受丈夫“冷遇”的良方，正确的交谈能维系和加深夫妻的感情，忽视交谈的作用肯定会感到婚姻的窒息。但学会交谈也并非是一朝一夕的事，同时也很难找一个完全可以仿效的样板。

夫妻之间的沟通并不仅仅限于对话、讨论或语言表达，更多的表现在行动上。宽泛地说，它包括一切夫妻之间进行交流的行为。如果丈夫一边吹口哨一边洗碗，这意味着自己很快乐，并不讨厌洗刷这活儿。到老外家去做客，常看到丈夫当着客人的面给妻子一个甜蜜的吻，或用手轻轻地抚摸一下妻子的肩头，是丈夫以特有的方式对妻子招待客人表示感谢，同时也是在显示夫妻恩爱。做妻子的则回首对丈夫报以微笑，这也意味着自己很高兴给客人带来欢乐，即使是忙了点、累了点也没关系。这一沟通虽然只在瞬间完成，却寓意深长。

许多夫妻常常有一些观念似是而非。例如结婚多年的夫妻不应该再像新婚时如胶似漆；夫妻二人在日常生活中要庄重，不要太过分的你侬我侬；或者只要内心有爱即可，不一定要表达出来。这些观念对夫妻沟通有很大的损害。事实上，爱不仅要“做”出来，还要说出来，不断地让对方知道自己爱他（她），也需要对方不停息的爱。

从沟通的理论而言，夫妻之间必须日日专注于对方，每天最好是能发现对方的新长处，并且乐意在对方面前把长处说出来。例如感谢妻子今天的某一道菜做得特别好；谢谢妻子在接待同事时的辛苦；感激妻子能用微薄的薪水买很多很实用的家用品……

所讲出来的爱或感激的话，千万不要变成陈腔滥调。最好每天都有新发现，只要专注于对方，这些发现并不很难，而且你愈感激，愈表达，对方的优点也会愈来愈多。这些事就像砌砖盖房子一样，没有这些沟通与鼓励，爱的房屋就盖不起来。

婚恋悟语

沟通时，要听听彼此内心的期待与渴望，试着了解对方的感受，告诉对方你听到了什么，避免彼此产生不必要的误解，想想沟通的目的何在，从而创造双赢的夫妻沟通。

用爱去拴住他的心

在现代生活中，许多女性总是抱怨丈夫的心离她越来越远，拴都拴不住了。其实，妻子要把丈夫的心“拴”在家里是要讲究一定方式方法的，不要一味地拴，也可以说是一门艺术。

有的妻子认为拴住男人的关键是“钱”，她们认为：“男人们有时背着老婆在外面玩得有滋有味，如鱼得水，是因为他们手上有钱。有了钱，男人们就能上豪华舞厅，下高档饭馆，甚至找几个三陪小姐尽情享乐。对付男人，只有牢牢地把家中的财权控制在手里，才能真正地管住丈夫。”果真如此吗？恐怕不尽然。这样的妻子似乎把问题想得太天真、太简单了。殊不知，既然男人能在外边挣回一些钱给妻子，同样可能留下数量可观的“私房钱”。

有一位在感情上醋意颇浓的妻子，对丈夫与异性的接触表现出极大的不满。起初，只要看见其他女性稍与丈夫亲热一点，她就会毫不留情地将对方骂个狗血喷头。接着就与丈夫约法三章：无故不准与异性交谈，每月工资如数上缴，去卡拉OK歌舞厅不准请小姐作伴。

法归法，章归章，丈夫并不轻易买她的账。

丈夫厉害，妻子更蛮。她索性在家要死要活，甚至去丈夫单位大吵大闹。不难想像，随着妻子管制丈夫方式的逐步升级，他们的家庭生活将无一日安宁，最后只有离婚。

相反的例子，这位爱妻则用一颗滚烫的爱心拴住了丈夫，用她的包容与呵护挽救了一个原本温馨快乐的家。

他与妻子是大学同班同学，他们因爱好诗歌创作而走到一起。夫妻俩如胶似漆，加上儿子，家庭可谓幸福美满。可是在婚后的第 5 年，丈夫因工作关系结识了一位漂亮而精明的女性，双方很快便无法自制，频频约会。在一切都已发生之后，他加倍补偿着自己作为丈夫和父亲的责任。

他给儿子买很多玩具，尽量抽时间陪妻子聊天，但又常常魂不守舍，禁不住想另一个“她”。为此他经常做恶梦，有一天夜里，他梦见她了，他掉进一个深渊之中，呼喊着她的名字，猛地惊醒之后，发现自己已大汗淋漓，妻子正瞪大眼睛看着他。

“我说什么了吗?”他慌乱地问妻子。

“没有。”妻子说。

“我真的什么也没说吗?”

“没有。”妻子说，“快睡吧!”

不久后的一天，他与那个她去看一个画展，出来后她挎着他的胳膊，很亲昵地向前走着。但就在这时，后面一个稚气的声音传来：“爸爸!”

他转身看见了 4 岁的儿子。但她依然挽着他，她是那种敢做敢为的人。他挣开她去看儿子。

“爸爸，妈妈还一个人在家呢，今天她没上班。”儿子说着扑进他怀里。

他撇开她，带着儿子回家了。他不知道儿子怎么会跑到这条离家较远的街道上来。

他仍然同那个她来往着，而裂痕却在彼此间产生了。她又与某商界男士火热起来。他仿佛一下子跌入了一个很深的梦中，借酒浇愁，有一天竟喝得酩酊大醉，不省人事。醒来后，发现自己正躺在床上，妻子坐在床边，轻轻拭着眼泪。见他醒了，妻子强作欢颜地说：“你终于醒过来了，你已躺了一天一夜了。”他不知说什么好，只是呆呆地望着妻子。

妻子说：“其实你的事，我早知道。”

“什么事？”他问。

“你和她的事呗！”妻子很平静地说，“那次你在梦中呼喊她的名字，我听见了。这几个月你对我和儿子比过去好，但老爱一个人发呆，经常走神，也没了以前的幽默，我就知道有事了，没想到果然事就出来了。但我不想和你大吵大闹，我是你妻子，你的性情我知道，你最终会回来的。”

他呜咽起来，不住地说：“我对不起你！”

妻子说：“我知道你也爱她，她一定很不错，你不会喜欢一个平庸的女人。但外面的女人靠不住，她能跟你，就不能跟其他人吗？你无钱无权，穷诗人一个，凭什么吸引人家？现在，我相信你们已经结束了。我不想找你闹，或许男人有这么一次才有免疫力。不过我要对你说，这样的机会我只能给你一次。”这个男人还能说什么呢？他热泪盈眶，一把抓过妻子的手说：“再也不会有下一次了，请你相信我。”说着，便双膝落地，跪了下去。

“快站起来吧，你这样子，哪像个男人。”妻子说着把泪流满面的他拉起来。他笑了，妻子也笑了，两人禁不住紧紧地拥抱在一起。

这个故事留给我们的启示却是深刻的。爱情若节外生枝，管也没用。不难发现，这里所说的不管丈夫，并不是真的“不管”，而是管治要讲策略，用一颗宽容的爱心将自己的丈夫拴住。这样的女人才是真正聪明的女人。

当然，妻子能不能管住丈夫，仅仅是问题的一个方面。更重要的是提倡夫妇之间的相互理解和沟通，并不断培育彼此的信任和忠诚，从而在相互尊重、人格平等的基础上，真正将对方的心留住，实现婚姻的幸福美满。

婚恋悟语

有人说男人的心就像放出去的风筝，尽管线一直在你的手中，但它始终离你很远，在天空中飘着。

换种角度对待老公

女人往往看到婚前婚后的男人发生很大的变化。而没有考虑到婚前的男人是给予者，为了展现自我，充分地表达爱，男人对女友任何要求都会许诺与付出，哪怕是付出整个世界。而婚后的男人回归了现实，他不仅只有付出还需要享受爱的果实。

的确，婚后的生活是平淡无奇的，再也没有恋爱时的那种怦然心动和激情四射了，磕磕绊绊也是在所难免的。如何维护好家庭的和谐与幸福则成了摆在女人面前的新课题。如何找回新鲜感，如何唤回丈夫对自己的热忱？这是女人比较头疼的问题。有心理学家表示，这时妻子不妨在丈夫的生活中多扮演一些角色，让丈夫对你刮目相看。

1. 用妻子的角色来包容他

包容是一种美丽的爱，用妻子的爱来包容自己的男人的全部，是这种爱的完美表现。可以说包容是一门艺术，它不是你随随便便可以得到，可以舍弃的东西。它是一种精神的凝结，是人品中善良的升华，是人性至美的沉淀。它还是人修身养性的“真经”。它有形又无形，可视又不可视。

男人和女人在结为夫妻的时候，不论短暂的或是漫长的，甜蜜的或是悲伤的，经过艰苦的爱情长跑，女人才决定嫁给这个男人。不久聪明的女人就发现，自己的男人开始经常晚回家。没关系，你给他包容，一如既往的照顾他。也许还会吵架，但是最终你原谅了他，你知道你们的命运已经连在一起。像帕斯捷尔纳克的小说《日瓦戈医生》中的三位女性包容医生一样，你给予他妻子的柔情。

“我希望能在每一枚结婚戒指里都刻上这样的话：善待彼此。这是婚姻完美的黄金准则，也是爱情之树常青的秘密。”美国著名作家伦道夫·雷如是说。

2. 用恋人的角色来疼爱他

曾经有位中年人说过这样的话："在十几年前，当我的妻子还是我女朋友的时候，她想吃10只虾我能给她剥20支。现在她即使就想吃一只，我都让她自己去剥，还让她顺便给我也剥点。"

现实中的太多女人畏惧婚姻就是因为男人会变得懒惰，没有办法，这是男人的天性决定的。他们继承了远古祖先追逐的血液，越是患得患失，越是辗转反侧，就越让他们心动得不能自已。拿破仑曾经为了脚下的大地可以被征服而痛苦，男人永远为了征服而激动。

如果女人懂得若即若离，会让男人始终感到可以触摸，却无法完全拥有，心动又心痒。如果这时女人再偶尔耍耍无关痛痒的小性子，小脾气，闹闹丈夫又不真正让丈夫烦，那么男人铁定被套牢，他在重新到来的享受恋爱时光之时，对妻子的态度也常常会从庸懒恢复到了恋爱时的勤劳。而这的妻子，不但可以重温恋人的甜蜜，还可以好好的偷闲一段时间呢。

3. 用姐姐的角色来帮助他

每当男人失去目标的时候，他首先通电话的就是给自己的妻子，没有什么特别的目的，就是希望能听到一些激励的话语，让内心深处多一层感触。这时的妻子在丈夫心目中的角色恰恰就是充当姐姐的那种。为什么会这样？男人倒不一定会这样想。但是聪明的女人应该知道怎样帮助他渡过难关。换句话讲：男人在不如意的时候，妻子应该像关心自己弟弟那样去关心自己的男人。对于男人来说，姐姐就是一个港湾。因为这样男人可以放松，摆脱低迷，重新审视自我，又一次向社会发起新的挑战。

4. 用同事的角色来支持他

对于男人而言，现实社会中的生存压力、升职压力是可想而知的，丈夫们从白天工作到晚上还要学习。持之以恒可不是件容易的事，他需要来自家庭的支持和鼓励。而妻子这个时候就要做他事业上的伴侣，帮助他战胜困难。

5. 用朋友的角色来温暖他

朋友是男人一生的财富。成为老公最知心的朋友，是聪明女人为什么拥有幸福婚姻的秘诀。恋人只可以维持一时的关系，而朋友却是一世的交情。女人通常在婚姻之外仍有几个最好的同性朋友，而男人婚后最亲密的朋友通常就是自己的妻子了。

友谊意味着尊重，要尊重彼此的差异、渴望、尊严以及弱点。可或许女人无法原谅男人一个小小的缺点，可是对待朋友却无比的宽容。看到这一点，女人应该尝试着对男人也宽容一些，把他当作你的最好的朋友，这样做了之后，你会发现他有什么事情开始愿意和你诉说了。

婚恋悟语

女人如果能够掌握这些角色扮演，你的丈夫势必会对你信服和刮目相看，他会会越发觉得离不开你，这也是保持美好婚姻家庭的一个秘诀。

信任是婚姻的基石

男人都有一个特点，那就是自尊心强得要命。男人最清楚自己的弱点在哪里。因此，他们拼命掩饰，不让别人有机会触碰它。因此做妻子的应该充分了解男人的心理特点，给他们的足够的自尊心，这样才能让彼此的爱情幸福美满。

作为贤惠的妻子，要有豁达的气度给予充分的理解，要完全相信你的丈夫。而有些女人却不能正确对待老公的异性朋友。并不是她不理解社交对她老公的重要性，而主要是不相信自己的老公，不放心自己的老公，在她的脑子里总以为：十个男人九个花。一看见自己的老公与别的女人交往，就心起疑团，醋性大发，怀疑老公有“外心”，猜测别人来“挖墙脚”了，准备破坏自己的家庭了。因此，为了预防老公的出轨行为，便会限制老公的交友自由，不准老公结交异性朋友。

由于这样的女人，总是疑神疑鬼、不放心自己的老公，势必会伤害老公的自尊心，伤害彼此的感情，从而导致家庭不和、夫妻反目。

列宁在和克鲁普斯卡娅结婚时，双方订立了一个公约：“互不盘问，决不隐瞒”。这两条订得好！“互不盘问”表明夫妻双方的相互信任；“决不隐瞒”表明了夫妻双方的相互忠实。两者结合起来，就组成了一种比较和谐的夫妻关系。

“互不盘问”也表明了对对方人格的尊重，“决不隐瞒”则表明了自己要值得对方尊重。

在生活中，也许你也曾听到过男人这样的抱怨：“现在只要我的手机一放到床上，我的老婆必定翻我的通话记录和里面的短信，有时候看着她在翻我手机，我真的感到很厌恶，觉得眼前这个女人陌生了，没以前好了。”

女人们往往认为男人不让自己查看他的手机是因为做了亏心事，其实男人不想让自己的妻子看手机，大多数时候是因为他不想让妻子为自己操心。

Abigail 的老公就是这样，他一回家就会将手机关掉，可这使 Abigail 感到很奇怪，因为 Abigail 的老公是个生意人，这样的举动让 Abigail 觉得十分反常。于是 Abigail 趁她老公洗澡的时候，偷偷检查他手机里有没有“违禁”的短信或陌生的电话，结果一切正常。原来是她老公不想将生意场上的事情带到家里，引起 Abigail 的反感。

其实，身在职场的男人哪能不接触异性，可妻子的鬼鬼祟祟会让男人觉得烦躁。你看他的手机是为了你们之间的关系更稳定，但你这样的行为却是在无形中拉远了你们的关系。所以聪明的女人还是不要轻易查看老公的手机，这是你对他最基本的尊重和信任。

要做到夫妻之间长相知，不相疑，相互间首先要有深刻的理解。作为妻子，要常常同丈夫交流感情，有了误会应及时说个明白；其次是要有高尚的情操。爱情和婚姻具有排他的特点，但并不等于自私。嫉妒、猜疑都源于自私的阴暗心理。只有把丈夫作为独立的人来爱，才能获得丈夫真诚的爱的回报；第三是要建立充分的自信心。只要你的婚姻是自愿的，对方总有所爱的地方和一定的吸引力。就算丈夫在学识地位上与你有了距离，你也千万不能自卑，而应当充分发挥自己的特长，以完善自我来增加吸引力。人总有长处，只要确信自己也有强于丈夫的方面，婚姻双方便是平等的、互补的、互相需要的、互相吸引的。

相信老公、信任老公，让老公在没有拘束的环境里生活，进而享受幸福的婚姻，是聪明女人给自己的最大奖励。

婚恋悟语

可以说，没有信任就没有爱情，而彼此的尊重、必要的礼节，也不能和虚情假意相提并论。在此前提下，还要互相忍让，因为它是婚姻这架机器上的润滑剂。

让幽默为婚姻保鲜

女人的幽默，体现了一种勇敢与自嘲的精神，是大都市特立独行女子的代表。一个懂得幽默的女人，她不一定美丽，但却是智慧的，善解人意的。这样的女人喜爱生活，懂得用自己的方式面对难解之情，用微笑放松自己。她们既没有“储存快乐、过时作废”的担忧，也没有“怨艾郁积、累累成愁”的隐患，她们之所以招人所爱，是因为她们懂得生活。懂得用智慧的花香把自己熏陶的更加富有魅力。

美国脱口秀名嘴切尔西·汉德勒在主持节目时，语言犀利风趣又不乏幽默，很受观众好评。一次，她的搭档夸张地说：“一提到位于北极圈的加拿大，身上就会冷得直打哆嗦。”这时，切尔西接过话头，进一步形象、具体地说：“我也听说，有那么两位加拿大人在室外说话，因为那里的天气冷得出奇，话一出口就冻成了冰碴儿，所以要很快地用手接住，至于要想听到他们说的是什么，就要进屋用火烤后才能听见……”听到此，观众禁不住捧腹大笑，而演播室内的气氛则更加活跃与轻松。可见，切尔西的幽默谈吐，是她丰富的知识，敏捷的才思的充分体现。

爱尔兰作家肖伯纳说：“幽默是一种元素，它既不是化合物，更不是成品。”美国幽默大师卓别林说：“所谓幽默，就是我们在看来是正常的行为中觉察出来的细微差别，换句话说：通过幽默，我们在貌似追逐正常的现象中看出了不正常的现象。”幽默显示了一种自尊优越的人格力量和旷达通晓的意识。而幽默之于女人，则显露了她的睿智与才华；展示了她的风采与魅力，幽默是女人心灵的光辉与智慧的丰富，是女性心灵的处方。

懂得幽默的妻子总能让家庭充满欢乐的阳光。譬如当妻子做饭时间迟了，丈夫催促她时，妻子如果说：“等一下嘛，我正在加油干呢！”那么丈夫是不会再责怪的。

有时候，妻子也可借用身边的事物和丈夫开开玩笑，例如拿着报纸说：“好便宜呵，一套西装才几十块钱！”在丈夫吃惊之际，妻子将报纸递给丈夫，同时说道：“那是一家洗染店的广告！”相信丈夫一定会大笑出声。

曾经看过一个竞选“加州小姐”的节目，主考官问其中一位参赛选手一个特别的问题：“你愿意嫁给肖邦还是希特勒？”选手笑着回答主考官说：“我愿意嫁给希特勒。”她的回答令全场愕然。这位小姐接着说：“假如我嫁给他，也许就不会发生第二次世界大战。”满堂为之喝彩，该选手一举夺魁。

很显然，幽默并不是讲低级笑话，它是一种生活智慧，是经历了动荡和挫折，是享受过富贵与排场之后，依然保持一种达观、积极、决不轻言放弃的人生态度。既不自怜自悯也不妄自菲薄，现代女性的魅力往往因此而生。

平淡的婚姻中，女人承受着来自于方方面面的压力，难免会时常抱怨，这也是女性缓解压力的一种方式。然而，不停地絮絮叨叨不仅对男人起不了作用，反而会招致他的反感。所以，婚姻中，女人要幽默，这其实是宽容精神的体现。

山姆先生是一个小公司的职员，一天，因临时加班，他回家晚了，妻子已经休息了。他在桌子上发现了一张纸条，上面写道："饭菜在厨房的微波炉里，啤酒在冰箱里，我在床上。"虽然劳累了一整天，但山姆在看到妻子俏皮的留言后，露出了笑意，也许任由多少貌美如花的女子说出多少蜜语甜言也不及这样的幽默。

夫妻之间需要甜言蜜语，需要彼此温存，这是爱情长久的基础，但是爱情也需要幽默，需要笑声，幽默是爱情的"保鲜剂"，也是爱情的"粘合剂"，懂得幽默的夫妻能让家庭更加稳固和幸福。

婚恋悟语

幽默能使心情保持愉快，家庭幸福也会使夫妻间的爱情长盛不衰。由于幽默的语言能得到平常的语言所没有的奇效，因此，使用幽默语言就往往成为夫妻间表达情意的一种策略。

鼓励老公，经常给他打气

假如你希望得到一个合格的老公，首先要信任他，要相信他的智慧、才能、品格和勇气，然后全力地支持他，那你得到的便是一个钢铁般的男人。

英迪拉·甘地出身显赫，是已故著名印度政治家尼赫鲁的独生女儿。12 岁起，英迪拉就投身反对英国殖民当局的运动。1942 年，她嫁给律师费罗兹·甘地，婚后改随夫姓，因此被称为甘地夫人。这位历经政治风雨的女人总是在背后默默地给甘地以强有力的支持，给他最大的信心，因而被戴上了“影子内助”的桂冠。她说她永远信任自己的老公，而甘地也没有辜负她的期望。

在现实生活中，有许多男人因为对自己信心不足，而不能走出生存的困境。他们就像一棵脆弱的小草，毫无信心去承受风雨。这就是说，缺乏自信、在自卑的陷阱中爬来爬去是这些男人最大的生存危机。如果不能从自卑中挣脱出来，他们遭遇各种挫折也就是自然的了。

所以，在男人受到挫折而灰心丧气，作为他的妻子不但要相信老公的能力，还要把这份力量传递给老公，让他明白你是他坚实的后盾，你是他永远的支持者，并会给予他无穷的信心和力量。

妻子若能容纳、信任和鼓励自己的老公，会使她的老公肯定自我的价值，这样他将不畏困难，充满自信地向世间挑战。而假如他在妻子心目中永远是最棒的，将有助于提升他的优越感，增强他的自信。

Donna 的老公是一个跨国公司的职员。一次，公司委派她的老公到日本与一个很难缠的客户谈关于合作的事情。这关系到公司在该地区的业务能否顺利地开展，能否得到利益最大化的问题，所以她老公肩负的责任很大。Donna 虽然很担心老公的能力，能否圆满完成公司委派的任务。但她还是对老公说："你去吧，你全身心地处理你的事情，不必担心家里，我相信你一定能处理好的！"后来合约开展比较顺利，公司得到了预期的结果，当她的老公从机场回来的时候，Donna 默默从老公手中接过行李，退到了人群之外，一脸欣慰地看着老公接受众人的掌声。

可以说，老公的成功，Donna 的功劳很大。她对老公智慧和才能的信任和鼓励使得老公可以安心大胆的去做，最后获得成功。在一次调查中表明，男人在面对麻烦时的表现，普遍要比女人强。这主要是因为女人是感性思维，男人则是理性思维，这就决定了男人在面对任何事情的时候，都会保持冷静的头脑。而女人对男人的相信和鼓励能更大的激发他的理性思维，使他离成功更近了一步。

应该说，拥有一个胸怀大志的丈夫是妻子的幸福。不少妻子因婚后发现自己的丈夫是个胸无大志之徒，只知道沉湎于家庭小生活，而致使婚前对生活的激情与斗志都消失得无影无踪。于是，妻子便痛心自己"遇人不淑"，嫁了个"窝囊废"。从此，家无一日安宁。也有不少家庭因为丈夫专心事业，无暇顾及妻儿家庭，而引起不快。

一个妻子曾苦恼地说："我的丈夫是个'工作狂'，除了单位里的事情，他对一切都不感兴趣。一年到头，他几乎没有下了班准时回家的，总是呆在办公室里干工作，要么就陪客户出去吃饭，很少回家吃饭，孩子经常都见不着父亲。家里的事他也不闻不问，孩子生病也指望不上他，这个家对于他就像个旅馆。别人都羡慕我，丈夫事业有成，生活富裕，可我宁可生活得平平淡淡，我心里的苦不知道向谁诉说。"

其实，男人很在乎自己在妻子心目中的地位。贤惠的妻子如果时时刻刻，都在给自己的老公传递着"我永远信任你"这样一个讯息，这是对男人最大的鼓励，也是男人战胜困难的最大动力。

婚恋悟语

在婚姻家庭生活中，有很多丈夫都希望有个贤妻良母型的妻子，都希望自己的妻子能够理解自己在外面的“作战”，并且对自己在社会上的战天斗地给予最有力的支持。

为婚姻筑起一道防火墙

有人说，一夫一妻制不是为人类，而是为天使设立的。男人不是天使，很多男人抵挡不住诱惑，会在精神上、肉体上出轨。而当女人发现自己最信赖的男人出轨时，无一不对爱情的脆弱和不堪一击感到震惊和愤怒。

Carol和老公结婚之初，他还是一个只身闯荡华尔街的年轻人，但在Carol的无私支持和老公的辛勤努力下，他很快就拥有了自己的公司，并且生意越来越红火。没几年，他们就买了三室两厅的新房，又买了私家车。Carol也辞掉了工作回家过起了相夫教子的生活，可是，渐渐地，Carol发现，老公不再像从前那样喜欢把公司里的大小事情都跟她讲，并且应酬越来越多，回家也越来越晚，行迹实在有些可疑。

女人的第六感让Carol意识到了什么，但她没有贸然采取任何行动。不过，Carol在无形中已经产生了一定的危机感，她开始考虑自身的问题。她发现，在儿子出生后自己所有心思都扑在家庭上，成了蓬头垢面的小妇人，一点女人的魅力都没有。Carol周末把自己从头到尾打扮一新，老公也很惊喜。

老公的投资公司里，清一色的青年男女，喜爱儿子的老公经常会把儿子带到公司里，但他全然没想到，儿子早已成为Carol安插在他身边的一个小侦探——Carol整天陪着儿子，早已和儿子打成一片，儿子对她几乎无话不谈。

一天，Carol和儿子在家看电视连续剧《粉红女郎》，她不经心地问旁边的儿子：“爸爸公司里，哪个阿姨像万人迷啊？”

儿子立刻不假思索地说："sherry，我看到 sherry 总围着爸爸转。"通过这种方法，Carol 虽然从没主动询问过老公公司里的事，但她对老公的事却是一清二楚。

有一段时间，sherry 总往家里打电话找 Carol 的老公，声音甜腻腻的，让 Carol 心里很不是滋味，问他，他说是生意伙伴。

一天，sherry 又打电话过来，碰巧老公不在，Carol 就和她聊了一会儿，先是讲了一些自己和老公之间的浪漫事，然后又不经意地透露出老公的一些坏毛病，诸如晚上睡觉前从不刷牙、爱磨牙、说梦话什么的。sherry 支吾了几声就挂断了电话，从此再也不打电话来了。但是，这一回合的交手，却让 Carol 察觉到了自己的踏步不前，她已经脱离这个社会太久了。

意识到问题所在后，Carol 果断地把儿子送到了幼儿园，然后穿上简明利落的套装，把头发盘了起来，开始到老公的公司上班。大大小小的事没几天就上手了，处理起各种文件、琐事来比老公的那些手下强得多。不久，老公就一刻也离不开 Carol 了。

Carol 还开始积极参与老公的交际活动。如果是两人都认识的朋友，或是不太谈公事的应酬，她都会提出各式各样的理由，向老公要求一同前往，比如，想和他一起在回来的路上看夜景啦等等。面对 Carol 的撒娇，老公很少忍心拒绝。Carol 就这样成功地打入了老公的交际圈。此外，Carol 的业余时间，也很少像以前一样只是一心一意地等待老公，她把更多的精力投入到了健身、学琴等各种学习上。当老公看到如此多姿多彩的 Carol，反而开始关注她的改变了，并经常推掉一些应酬在家陪 Carol。

而 Carol 防范老公的"贼心"的绝招还不止于此，她最妙的策略就是在适当的时候吃上老公的一点"小醋"。只要老公有些风吹草动，Carol 的"醋坛子"就会打开，使老公立刻觉醒，悬崖勒马。女人吃醋是一种爱的体现，爱情中的女人泡在醋坛子里，因为她要牵着他的心，因为她要得到他的爱，醋劲愈大，爱之愈深。

虽说现代男人多数花心，但只要你控制得好，在风暴来临前尽早做好预防措施，成功地守住关隘，他便不会那么容易“得逞”，你也可以确保婚姻城池不失守。当然，你在为老公的“贼心”筑建防火墙时，一定要注意分寸，绝不能采用太过激的行为，比如跟踪盯梢、电话过勤等，这样只会造成他的逆反心理，反而会助长他的“贼心”之火。

当然了，当你几乎用尽了全部心思还是不能挽留住自己的男人时，也要学会放手。别太执着，别太跟自己较劲，其实这真的没什么，换一个思路，事事顺其自然，或许能柳暗花明。

婚恋悟语

如果妻子能够早早地做好防范，懂得未雨绸缪、防患于未然的话，那就完全可以打好一场具备天时、地利、人和的“爱情保卫战”，为婚姻筑起一道坚固的防火墙！

尊重对方，穿好“婚姻”这双鞋

婚姻就像是选鞋子，合不合脚，只有穿了才会知道。脚是你的，你绝对有权选择要不要穿鞋，如果你实在难以忍受鞋子对你的束缚以及伤害，你大可以继续光着脚丫来做的你的赤脚大仙。每一座山峰都有各自的风景，婚姻也是如此，没有任何的可比性，只有守住身边的爱人，守护好这来之不易的婚姻，才能在幸福的道路上一直走下去。

或许在婚后不久，你会感到结婚后真没意思，没有缠绵悱恻的浪漫。缺了朝朝暮暮的思念。尤其是，生活中没有大起大落的情感激荡，仿佛如白水般空淡无味。这时，你就犯下一个不大不小的错误，你忽视了婚姻中夫妻由衷的牵挂之情，忽视了世上的任何事物都有由新变旧的特性。尤其是你没有意料到：恋爱的情为空中楼，家庭的生活的实在，做恋人累了就结婚，而做夫妻累了，你别指望再梦回热恋时代，更别想回到独身的潇洒。要知道，夫妻之累是最充实的啊！夫妻就是夫妻，不要同人生的任何阶段相比：婚姻就如螺栓螺母凹凸相吻，男男女女走在一起了，亦即用双手创造缘分，有什么理由不珍惜它呢？有什么理由不守住它呢？

男人女人因爱结合后，常常把“一家人”当作不分彼此的“一个人”，习惯把自己的愿望强加于对方，而使对方失去了独立性，因而缺少了对对方的尊重，而腐蚀着婚姻。

也许你的爱人，和你结婚后仍然保持和朋友周末聚会的习惯，因此常常晚回家，而你认为你的爱人忽略了你而大为不快。或许你的爱人一向以自己的价值观选择生活而你不认同，于是你打着“爱”的旗帜，要求你的爱人按照你的方式处理问题，时间一长便产生了无休无止的争执与不满。所以经过了短暂的爱的陶醉之后，男人和女人就难免困惑：为什么有了亲密的关系，我们之间的爱反而不存在了？

其实，并不是爱不存在了，而是95%以上的人找不到从“呆在一起”水平的“爱”过渡到真正的爱之间缺的那一小节梯子，而尊重正是从热恋走向真正爱情的那节必要的梯子。尊重并不是为了故意在两人之间产生距离，而是为了让爱能得到升华，不因距离的消失而使双方丧失相互吸引的磁力之源泉。在爱之中保持尊重，需要有成熟的把握。尊重能使人宽容，但并不就是完全的独立。爱要适当地牺牲自我，适当放弃自己的独立王国。

有爱与尊重的和谐才是最美的！交谈是爱情的稳定剂。

人是具有感情的，感情的载体是语言，人通过语言表达思想，互相沟通。夫妻关系是人际关系中最本质的关系，语言的沟通更为重要。妨碍夫妻交流的因素很多：商海如潮，竞争残酷，没有多少心思来交流；快节奏的生活，为了生存而疲于奔命，没有多少时间来交流；朝夕相处，司空见惯，没有那么多内容来交流……而更多的则是忽略了交流的艺术。夫妻沟通的艺术，首先是要学会恭维对方。在二人世界里，多几句恭维的话，常常会给生活带来意想不到的温暖和幸福。而且它还常常有化干戈为玉帛之功。当然，夫妻间恭维话也不可太多，太多则滥。平时一句体己的话，对配偶的衣着容貌的一声认同，一件往日趣事的述旧，都可能引起对方的共鸣，从而得到投桃报李的效果。其次，应当充分地认识到，争吵也是一种沟通的办法。有一种认识误区，认为美满婚姻不应当有争吵，其实这是不现实的。通过争一争、吵一吵，往往能够把事情搞明白。吵过了，是非曲直搞清楚了解，矛盾也消除了。

再次，夫妻间经常交谈，沟通思想，可以增加彼此的透明度和信任，从而达到“常相知，不相疑”的境界。俄国教育家苏霍姆林斯基说得好：“爱情不能审查，只能信任。”要达到相互理解信任，唯一的办法只有沟通。经常把自己工作中的酸甜苦辣与社交活动情况，和配偶进行交流和沟通，是取得信任的关键。交谈，实在是爱情的一种稳定剂。

鞋子合不合脚，只有脚知道，只有说出来才能让大家发现问题从而解决问题。所以夫妻之间应该相互尊重并加强沟通交流。

婚恋悟语

婚姻就像是你手捧的沙子，并不是你想握就能握得住的，也不是你随遇而安就能长久的，主要看你怎样去经营。

结语：如何完善你的婚姻

在外人看来，婚姻二人世界犹如盲人摸象，以为婚姻高深莫测。但实际上，处在婚姻围城中的人却都似周瑜打黄盖，愿打愿挨，不是冤家不聚首。因此，现实中哪怕在复杂的婚姻也是存在一些简单规律可循的。

表面上看，婚姻关系有其特殊性，两个原本相互陌生的男女，经过交往，最终达成一种尽享精神与肉体的最高境界，也就是婚姻关系的建立。这种关系，你中有我，我中有你，共同决定着婚姻关系的走向。

1. 距离

人与人的交往都需要保持一种心理距离，这是人格完整的标志。如果两个人的距离太近，人格边界会被对方干扰，出现混乱，甚至瓦解。强势的一方越来越强，弱势的一方越来越弱，这对婚姻关系的健康稳定影响巨大。

2. 选择

正确的婚姻选择观是决定成婚时，明知以后也可能出现更饱满的谷穗，但坚定信心，选定眼前人。当你对此坚信不移的时候，就可以结婚了。但此时，如若你要考虑现在的选择是不是今生最好的，这看起来是一个很实际的问题，其实却很可笑。

实际上，婚姻幸福与否全在你自己。从给对方的庄严承诺那一刻开始，彼此义无反顾、全力以赴地去经营你的婚姻。唯有如此，你才能组成幸福家庭。生活中那些平凡的男女，他们从相遇到相知，到和对方一起成熟、一起老去，这本身就是一种幸福。至于你选择的是不是那颗最饱满的稻穗，这根本不重要。以至于，后来是不是有更好的，我们也无暇顾及。而这正式婚姻庄严的，不二选择的美妙之处。

3. 经营

良好的婚姻是需要苦心去经营的。世界上没有完美的人，所以也没有完美的婚姻，婚姻出现问题就去修复，但是只有修复是不够的，如果你不打算原谅对方的错误，对方做什么修复都是无用的。有时候与其说对方的错误毁掉了婚姻，不如说是你不原谅对方的错误毁掉了你的婚姻。没有相互的宽容与忍耐，没有相互的信任与理解，没有相互的沟通与交流，再激情四溢的爱情都会走到尽头。夫妻情感生活，就像花草一样，需要时时加以栽培养护，否则会逐渐枯萎。因此，善于经营，是维护婚姻日久常新的不二法宝。

4. 角色更换

结婚不仅仅是一纸婚书那么简单，更是日常生活角色的巨大变换。对于夫妻双方而言，都要及时应对这种角色的转换，并做出相应的行为，从而为平淡的婚姻生活增添几分乐趣。

5. 生活方式

每对夫妻也有他们相异的夫妻生活方式。生活方式是一个内容相当广泛的概念，它包括人们的衣、食、住、行、劳动工作、休息娱乐、社会交往、待人接物等物质生活和精神生活的价值观、道德观、审美观，以及与这些方式相关的方面。可以理解为就是在一定的历史时期与社会条件下，各个民族、阶级和社会群体的生活模式。

夫妻生活是两个人的事情，不需要过多干预对方的事情，要给彼此空间，让彼此心灵有休息和自我安排的余地。偶尔的惊喜和激情也是必须的，回家的时候老公吃老婆煮的饭菜的时候偶尔说句，老婆你饭煮得很好吃，有时候老公也会问老婆爱吃什么菜，你千万别说你煮什么我吃什么，你最好就挑他没煮过的让他去煮，这样效果会很好。这就是平淡生活。多点沟通，多点理解，别到最后连自己老公爱吃什么爱什么颜色都不知道。每天晚上再床边的时候先聊一会儿天……面对吵架别执着谁对谁错。解决问题才是根本，而不是在一个问题上执着。

因此，夫妻双方要能够及时检讨他们所持的生活方式，分析其利弊、长短，并相互研讨他们两人想共同建立的婚姻生活方式是什么，以便共同去改善、追求。